思春期の子どもと親、それぞれの自立

―50歳からの学び直し―

田中 由美子 著

社会評論社

もくじ

この本の読者へ

本書は、国語の塾の一講師として、この十余年中学生たちが抱える悩みや葛藤に向き合ってきた結果、いったい何が彼らの問題の本質なのか、また、どう解決すべきなのか、その考えをまとめたものです。学校でも家庭でもない場だから、彼らは本音を語り、作文に表現したのではないと思います。そして、作文をもとに話し合う中で、さらに生の声が飛び出しました。

また、子どもたちの問題を論じると同時に、そうした子どもたちの問題の解決に向けて努力しておられる保護者や学校関係者、つまり、私たち大人自身がどうあるべきかについても論じました。中学生たちの本音や現実に向き合っていると、その後ろに、私自身がつまずいた家庭の問題や、学校、社会の問題が浮かび上がってきたからです。

それを、かつて中学生の子どもの親であった私の経験や思いからまとめています。タイトル、『思春期の子どもと親、それぞれの自立』は、その意味です。

私は、長年ほぼ専業主婦でしたが、50歳からがらりと毎日の生活を変えました。

家事以外の仕事や勉強に多くの時間を割くようになったのですが、何よりも大きく変わったことは、誰か他の人のことではなく、私自身のことを考え続けて生きるようになったことです。

当時子どもたちはもう高校生と大学生でしたから、とっくにそうしていてもよかったはずですが、むしろ私は、彼らの中学生の頃からの思春期に「心配」をふくらませていました。

ほんとうは、子どもがどうだからとか、主婦だったからではなく、私は、私自身を生きるということを、ついぞ知らなかったのだと思います。家族を含めた他人《ひと》の顔色をうかがったり、他人の「心配」をしたりということが、私が生きているということでした。しかし、その実私は、子どもたちのことも含めて、身近な誰の気持ちに寄り添うすべもなく、ひとりぼっちで生きていたように思います。40代でいろいろなことがうまくいかなくなり、苦しくなりました。自分の人生の先を見失っていました。

50歳で転機を迎えた私は、それからの14年間、私が抱えていたいくつかの問題の本質が何だったのか、少しずつ目を開いてきました。その後始めた学習を共にする仲間や、塾に通ってくる中学生たちを通してです。遅いスタートですが、しなければならないこと、そして、まだまだやれることはいくらでもありました。自分をよりよく知ることだけが私自身を支え、ようやく自分の全責任で、自分で納得できるような生き方へと踏み出せました。

また、私がかつて一人でもやもやと悩んでいたことは、実は、思春期の子を持つ多くの親が抱えている不安でもあったことを、仕事を通して知りました。子どもが大人になろうという思春期に、親自身がどう大人になり、どう生きてきたのかが問われるからです。夫婦関係も問われます。私は親兄弟との関係にも課題を抱えていましたが、それも少なからぬ人が抱える問題でした。

子どもの思春期は、子も親も嵐のときです。その嵐の中の中学生たちが作文に書いてくる問題や、彼らが授業の中で語ることに突き動かされて、彼らと私自身の問題のありかを探ってきました。私も40代に、思春期の子どもたちの、一人の親だったからです。

そして、子どもたちの行き詰まりは、実は私たち大人の行き詰まりをそのまま映し出したものではないか、と考えるようになりました。私たちがまず自分自身を生きて、本気で自分を変えることだけが、私たち自身を救い、そして、そのことによって子どもたちも前へ進むことができるのではないでしょうか。

では、かんたんに本書の構成を説明させていただきます。

まず、第一章で、私が50歳でどのように転機を迎えたのか、自己紹介をします。第二章は、その後始めた、塾での仕事、中学生どうしで互いに作文を読み合って、話し合う授業の大枠を説明します。この後の第三～五章に書くことの背景です。

第三章には、その教育活動を通して見えてきた、今、中学生たちが抱える問題と、それをどう考え、どう解決を図るべきなのか、現時点での私の答えの一覧を掲載します。授業で使う教材の一つ、小冊子**「君たちが抱える問題の本質と、その対策」**です。

第四・五章は、第三章の考えに至るまでの具体的なプロセスです。中学生たちがどんな作文を書いてきて、どんな思いを語るのか、そして、そこにどんな問題の本質が見えてきたのかを記します。第四章は、学校での問題、第五章は、生徒たちにとってさらに切実な、家庭での問題です。

そして、第六章に、再び私自身のことを書きます。ただし、今度は、親としての私のことではなく、子としての私の、私の親からの自立の問題です。

中学生の成長や自立を後押しする仕事をする中で、近年、実はその後ろに、彼らの親が、その親（生徒たちの祖父母）からどれだけ自立できているのかという重い課題があると考えるようになりました。また、それは、生徒たちの祖父母の時代から今現在まで、社会状況は大きく変化してきたにもかかわらず、学校や社会のあり方が根本的にはなかなか変われないことと、深くつながっているのではないでしょうか。

私の両親との親子関係、さらに、両親とその親との親子関係までをふり返って考えたことを、最後の章に記します。

第一章

転機

1 子どもたちの思春期

私は、1959年、父は化学メーカーのエンジニア、母は専業主婦という家庭に生まれました。戦後、工業化に伴って地方からたくさんの人が都市へ移り住んだ時代に、愛媛県出身の両親も、大阪、堺の社宅で暮らしていました。高度経済成長時代です。

私が成人した1980年頃までに、経済成長はすでに陰りを見せ、公害など負の面もあらわになっていましたから、父たちの世代が経済成長を成し遂げた後、私はいったい何のために、何をして生きるのだろうという漠然とした疑問や不安はありました。しかし、これまた漠然と進学した大学で、何をどう学べばよいのか見当もつかず、何の答えもないまま大学を卒業し、就職した後、結婚後は主婦になり、子どもを二人育てました。

私の行き詰まりを意識したのは、その子どもたちの思春期でした。

小学生にこんなにたくさん勉強させてよいものだろうかと不安を感じながらも、息子と娘に中学受験をさせた後、案の定、彼らは勉強については、いわゆる「燃え尽き症候群」となったように見えました。高校三年生になっても勉強している様子はなく、今思えば、それは思春期そのものなのですが、生まれてこの方着々と成長してきた彼らが、その歩みをぴたりと止めてしまったかのようでした。また、好き好んで止まっているのではなく、何かとても不安に感じているように見えました。

しかし、その頃誰よりも私自身が行き詰っていたのに、他人《ひと》の「心配」をしていたのですから、彼らとの会話がろくに成り立たなかったのも、今思えばそれもそのはずです。また、夫にその不安を話しても同様で、かえって私の不甲斐なさを指摘されて落ち込むばかりで、夫婦関係は悪化の一途でした。

30代の忙しくも楽しかった子育て期とは打って変わって、私の40代後半は、いつもどこか具合が悪く、涙が流れやすく、よく寝込んでいました。子どもと一体だったパラダイスから、また一人の人間としての自分に還ってきました。

2 50歳での転機

40代に鬱々とした何年かを過ごした後、2009年に、鶏鳴《けいめい》学園という、高校生対象の国語専門塾を偶然知りました。当時高校三年生だった娘が、友人に誘われてその塾に通っており、夏にその保護者会があったのです。小学生の塾でもないのになぜ保護者会があるのだろうかと疑問に思いましたが、娘が「中井さん」（中井浩一塾長）のことを心から信頼している様子で話すのをよく聞いていたので、参加してみました。

その保護者会で、中井さんから、「大学受験の裏テーマとして、親子それぞれの自立という課題がある」という話があったのです。私のおよそ十年来の悩みに、やっと名前が付いた！という思いでした。

たしかに、息子や娘が勉強しないことも心配しましたが、たんに彼らが受験勉強をすれば問題が解決するようにも思えませんでした。「自立」の意味は当時まだよくわかっていませんでしたが、彼らに、大学受験という相対的なものよりも高いレベルの「自立」という課題があるのだということは、直観的に私の胸にすとんと落ちました。その「自立」という「裏テーマ」こそが、本丸なのです。

さらに、その課題は、子の「自立」だけではなく、「親子それぞれの自立」なのですから、そこに私自身の課題もあったことは、私にとっては希望でした。思春期の息子たちを前に、いったい何を考えているのだろうかとイライラしたり、不安に思ってみたりしても、所詮は他人《ひと》のことなのですから、何か操作をして変えられるものでもありません。夫との関係の悩みについても同様です。そういう苦い思いを味わってきていたから、私は、何よりも私自身のことに取り組めばいいのだということに、これも直観的にですが、救われました。じめじめと暗いトンネルの先に、自分の行き詰まりを打開する、かすかな可能性を見ました。

なるほど、保護者会の開催は、生徒が小学生ではなく、思春期の高校生だからこそ、「親子それぞれの自立」という大切な課題を伝えるために必要だったのだとわかりました。

なお、「中井さん」は、国語塾、鶏鳴学園の塾長であり、かつ、社会人や大学生のための学習会、「中井ゼミ」も主宰しています。私はこの後、「中井ゼミ」に通って勉強するようになります。また、その後鶏鳴学園で「中学生クラス」を開設し、指導を始めました。つまり、中井さんは、私のこの14年間のゼミ生としての学習の指導者であり、同時に、職場の上司です。

塾の中高生たちも、私たちゼミ生も、「先生」とは呼ばず、「中井さん」と呼ぶ習慣があります。教師や議員、医者どうしが「先生」と呼び合うことには違和感があり、また、中井さんとの関係は、批判されることもぶつかることもある、常に主体性を求められる厳しいものなので、「先生」より「中井さん」という呼称がしっくりきます。以上、特殊な呼称なので、事情を注釈しました。

3 「社会人・大学生クラス」（中井ゼミ）での自立のやり直し

２００９年夏に鶏鳴学園の保護者会に参加した後、その保護者会で案内のあった、同じ鶏鳴学園の「社会人・大学生クラス」（中井ゼミ）の読書会にも、その秋に参加しました。最初のテキストは、斎藤学の『アダルト・チルドレンと家族』、次は、斎藤環の『社会的ひきこもり』、テーマは共に、親子の共依存や一体化でした。子どもの側ではなく、大人の生き方を問題にした本です。

その読書会に参加してから、私が、家族など誰か他の人のことではなく、私自身のことを考え続ける生活が始まりました。そこで投げかけられる問題提起や言葉が、自分の中に積もりに積もった、しかしまだ言葉にもなっていない、生きることに関する様々な疑問にも光を当てました。たとえば、他人と関係することの意味です。それまでの私は、自分の軸もなく他人と関係しては疲れたり、意味もなく落ち込んだりしていました。

そうして私は、そのまま「社会人・大学生クラス」に通い続けることになります。読書会だけではなく、ゼミ生それぞれが書いた文章を読み合って意見交換する時間もあります。それまでの経験をふり返る文章や、そのときどきの課題についての文章です。

参加し始めたばかりの頃に、文章をゼミ生が批評し合う前提として、「どういう批評をすることに意味があるのか」ということが問題にされたときの驚きを、今も覚えています。考えてみたこともない問いでした。そして、他人について批評するときに、それがたんに他人についてああだこうだと言うだけで、自分自身を理解することと何の関係もないなら、そういう批評は双方にとって無意味だという中井さんの考えが、心に響きました。今も世間には、たんに他人についてああだこうだと論評する言葉や文章があふれかえっていると思います。

しばらく学んでから言葉になったことですが、私は、私自身が何のために生きるのかという思春期の問いに答えを出さないまま生きてきた結果、行き詰っていたのでした。

そして、息子や娘が思春期にその同じ問いにぶつかったときに、その彼らを理解できず、また、私には、自分はこう考えてこう生きてきたと、彼らに対して話せることがありませんでした。「大学受験がどうこう以前に、人を信頼できない」、「何のために大学に行くのかわからない」といった彼らの戸惑いや疑問に対して、私には自分の答えがなかったのです。私は、誰よりも自分を信頼していなかったし、彼らが大学に行かないなんてことは考えられなかった一方で、行く意味は何かと言われれば、胸を張って言えることはありませんでした。

「いい大学に行かなかったら、人生終わりだ」という言葉を聞いたときも当惑しました。大学教育に手応えを感じられず、成果を出すこともなく卒業した私が、「いい大学」だけが価値だなどと彼らに教えてきたつもりはなかったのです。

しかし、じゃあ、「いい大学」が価値でないなら、何を目指して生きることに価値があるのか、私にその明確な代案はありませんでした。私もそこそこ「いい大学」を目指し、しかし結局自分自身の人生の目的もなく、不安と闘うすべもなく暮らしていたのです。

当時の息子や娘の言葉は、なんやかや言ってくる母親への反発や、また、彼ら自身の思春期の当惑の一つの表現だったと思いますが、同時にそれは、私の生き方の行き詰まりを映したものでした。私に自分というものがなかったから、つまり、自立していなかったから、子どもたちが勉強するかどうかなどということがやたらと気にかかり、彼らにもたれかかっていました。自分自身の生きる目的も問わずに、彼らに「いい大学」に行ってほしいとしたら、それは結局、「いい大学」、「いい会社」へと進んで、せめて親と同じ経済レベルの階層には留まってほしいということでしかないと、今は思います。

そうした私自身の行き詰まりの中で「親子それぞれの自立」という中井さんの言葉に心が動いた日から、今日まで、私は、私自身の思春期と自立のやり直しをしてきました。

4 「中学生クラス」と、「家庭・子育て・自立」学習会

２００９年からの14年間、私は鶏鳴学園の「社会人・大学生クラス」（中井ゼミ）の生徒ですが、同時に、２０１１年には同じ学園の「中学生クラス」を開設し、その指導もしてきました。つまり、大人の自立を追求する中井ゼミで学びながら、中学生たちの自立を教育目標とする授業をしてきました。

中井ゼミで厳しい批判も受けながら自分の問題を考える中で、当初はよく見えていなかった中学生たちの問題も、作文にリアルに現われるようになりました。また逆

に、中学生たちの問題について考えることが、私自身の経験や問題への理解を深めることにもなりました。子育てをしていたときには見えなかった、学校や家庭、また親としての問題に気づき、また、子育て中には答えの出せていなかった問題に、一つ一つ自分の答えを出してきた十余年でした。

思春期の生徒たちや、その親たちが抱える問題は、私にとっては他人事ではなく、私自身がどうしてもその答えが欲しいと思う問題と重なるものだったのです。たとえば、生徒たちの、勉強の意欲がわかない、何のために勉強するのかわからない状況や、子どもの勉強についての親の側の心配です。また、友人関係や親子関係の悩みです。それらに向き合うことは、私自身がどう生きて、どう子育てしてきたのか、また、どう生きていくことが人間の本来なのか、他人とはどう関係していくべきなのかといった問いに向き合うことでした。

2015年には、塾の生徒の保護者など大人を対象に、家庭や子育てについて学び合う「家庭・子育て・自立」学習会も始めました。

子どもの思春期には、「親子それぞれの自立」が課題であり、思春期前の子育てからの大きな転換が必要です。子どもを愛おしく思う愛情だけでは、子育ての最後に待ち受けている思春期という難関に挑めません。ですから、私たち大人にも、子育てや、子育て後の人生について学び合う場が必要です。また、子どもたちの問題は、私たち大人やその社会の問題の反映ですから、大人こそが学ばなければ、問題のほんとうの解決は望めません。

子育てが、各家庭に閉じ込められた孤独な仕事になりがちだという問題もあります。本来子育ては、子どもをたんなる親の価値観の「コピー」ではない、一個人として育て上げて社会に送り出すという極めて社会的な仕事です。ですから、他の仕事がそうであるように、同じ子育てという仕事に取り組む者どうしで学び合い、その能力を身に付けていけるのが本来だと思います。目の前の、自分の子どもだけを見ていて、他の中学生たちの姿を知らなければ、自分の子どものこともよく見えてきません。親自身についても、そういった相対化が、あらゆる問題の解決になくてはならない最初の一歩だと思います。

そして、子どもが親から巣立って自立に向かおうとするときに、親にできることは、親も子どもから自立できるように、子育て後の自分自身の人生をスタートすることではないでしょうか。私の40代の悩みは、「子どもが生きがい」だったその後を、いったい何をして生きていくのかという切実な問いでもありました。

日頃の悩みを語り合いながら、参加者それぞれが自分の問題について考え、それぞれの家庭や子育て、生き方の思想をつくっていけるような学習会にしていきたいと考えています。

5 問題に向き合う生き方

私は、自分は何のために、何をして生きるのかという20代から持ち越してきた問いに、50代で、やっといちおうの答えを出しました。

親子関係や家族とはいったい何か、どう考えればよいのだろうということが、私のテーマの一つです。世間には、「家族だから」、「子どものため」、「親孝行」といった、家族を持ち上げる美談があふれている一方で、家族に関する問題が報道されない日も一日もありません。

たしかに、福祉制度もなく、子どもも高齢者も病人も、家族が全面的に面倒を見ていた戦前とは異なり、今は誰もが、家族の一員としてだけではなく、社会の中の一個人として生きることが、価値としても、制度としても、いちおう認められています。まだ男女雇用機会均等法（１９８６年施行）もなく、一般企業に入社した大卒男女に当たり前のこととして給与に差のあった、私が大学を卒業した頃と比べても、より個人の時代になりました。

しかし、その個人は、基本的には、まず家庭で親からの圧倒的な影響を受けて育ち、その子たちが社会に出て、この社会をつくっていきます。親子関係は、私が若いころイメージしていたよりも、はるかに重大な関係でした。

もう一つのテーマは、塾に通ってくる生徒たちを通して見てきた、学校の問題です。ただし、学校の問題とは言え、一般社会の問題と重ならないものは一つもないでしょう。むしろ、社会や家庭の問題や矛盾は、子どもという弱い立場に強く現れ、その子どもたちが集まる学校に、一般社会の問題の本質がよく見える形で強く現れるのだろうと思います。

たしかに、私は30代、40代も、子どもたちを育てるという大切なテーマを持って生きました。

しかし、問題は、私がその中でぶつかる様々な問題に向き合わず、流して生きていたことです。大きな問題はないと、自分を誤魔化して逃げる生き方に慣れっこになっていました。ほんとうは、私の家庭にも、また私の実家にも取り組むべき問題がありました。それは、自分がつくった家庭や、自分が育った家庭の問題なのですから、それぞれが、私自身の問題の一つの現れでした。それに真っ直ぐに向き合って解決しようという姿勢で生きておらず、その能力もなかったのですから、苦しかったのは必然でした。問題はより悪化し、ねじれていきました。

50代で辿り着いた生き方が以前と違う点は、自分が真剣に学び、他人にも働きかけ、自分が成長することで問題を解決しようという姿勢を目指す点です。

そうすると、「何のために、何をして生きるのか」という私の20代以来の問いは、その対象を問う傾向が強く、「自分とは何か」、「どう生きるべきなのか」という肝心な私自身の生き方という視点が弱かったことに気づかされます。自分が主体的に問題に向き合おうという姿勢があってこそ、解決したい問題や取り組みたいテーマのある、つまり、目的のある生き方ができるのだと思います。そういう生き方が、今私が理解する「自立」の土台です。

また、先に「私自身が何のために生きるのかという思春期の問いに答えを出さないまま生きてきた結果、行き詰っていた」と書きましたが、思春期の10代や20代で、また30代でさえ、そこで人生の目的がかんたんに決まるとは思いません。生きていく中で否応なく様々な問題にぶつかるから、その中で自分が生きる目的を一生涯育て、深めていくものだと思います。

私の場合は、とりあえずの仕事や趣味に熱心に取り組んだ時期もありましたが、学び直しを中心とした今の生活が、この後の70代、80代の私も支えていく、ほんとうの生涯学習だと感じています。私は今も自立の途上を生き、また同時に、塾に通ってくる中学生たちの自立を追求する日々です。

第二章

作文を読み合って話し合う授業

ここまで、第一章では、私自身の自立のための学び直しについて書きました。

さて、本章では、私が勤める国語塾に通ってくる中学生たちの自立のために、どういう考え方で、どういう授業を行っているのか、その大枠を紹介します。その授業を通して、この後第三~五章に記す、中学生たちの抱える問題について、また、私自身について考えてきました。その背景として読んでください。

1 率直に突っ込み合う

東京にある、中学・高校生対象の国語の塾、鶏鳴学園で、2011年から中学生たちを指導してきました。

彼らが自立に向けて自分を確立していくことを教育目標として、一クラス十数名のゼミ形式で、日頃の経験をスピーチしたり、各学期の課題本を読んだり、また、作文を書いたりします。そのどれについても率直に意見交換するのが特徴です。

中でも、それぞれの生徒が書いた作文を、クラス全員で読み合って意見交換する授業が、各学期の山場です。

彼らは、特に思春期に入った小学校高学年頃から、友人関係や親子関係、勉強の悩みなど様々な問題にぶつかっており、そういった生活の中の経験を書くところから、作文の学習は始まります。とはいえ、それが切実な経験であればあるほど、すぐにさあ書こうということにはなりません。自分が経験したことをいったいどう考えればよいのか、その手掛かりもなく、もやもやしたまま意識の奥に圧し込められていることが多いからです。他の生徒のリアルな作文を読んだり、スピーチを聞いたり、また、自分も書いたり話したりを重ねる中で、年単位の時間をかけて、次第に自分自身に目が向けられるようになっていくと、自分のことをしっかり書いてみたいという気持ちになるようです。

作文は、小説のように出来事を具体的に、場面ごとに描写するように指導しています。他者との会話やＬＩＮＥのやり取り、また、そういった発言の裏で実は内心思っていたことも、ありのままに書きます。そうしてありのままに書くのは、彼らがその題材について書くことを自ら選択した場合です。書くなら、そのとき書けるだけのことをすべて書く、書かないなら、書かない、という本人の主体的な選択が前提です。

学期の半ばに作文が提出されたら、クラス全員に、全員の作文を配り、翌週から話し合いです。

その意見交換も、疑問や批判を率直に出し合うのがルールです。どちらが正しいかを競ったり、説得して結論を出したりするための話し合いではありません。互いに突っ込み、突っ込まれる中で、作文にはまだ十分に書かれていないことや、書いた本人も気付いていなかった事実や思い、問題が明らかになります。そうして生徒それぞれが自分や他者について考えるヒントを得て、その本質の理解が一歩でも深まれば、それが作文教育の目指すところです。

自分自身を見つめ、その課題を徐々に自覚し、自分の考えや覚悟をつくって自立していくためです。また、大学受験までに、自立の第一段階として、大学で何を勉強したいのか、その自分の問題意識やテーマを、まずは一つつくるところまでを視野に入れています。

その理念と方法は、私がゼミ生として学んでいる、「社会人・大学生クラス」(中井ゼミ）と同じです。

2 問題を抱える中学生たち

「中学生クラス」に通ってくる生徒は、中高一貫や小中高一貫の私立や国立校に通う生徒や、一般の公立校の生徒など様々です。また、公立校の生徒も、中学受験を経験した人が多く、経済的に余裕のある家庭の、また比較的学力の高い子どもたちです。

彼らの本音の作文から見えてくる、そのリアルな姿は、学校でも家庭でもない、その外にある塾だから書けることなのではないかと思われました。

たとえば、学校で「いじめ」た、「いじめ」られたという問題や、その他の人間関係のトラブルです。たいていは、互いに言いたいことも言えず、自分が孤立することを恐れながらの攻防です。一般に「スクールカースト」と呼ばれる生徒間の序列意識が彼らに重くのしかかり、同時に、彼らがそれを再生産し続けているように思われます。

部活も問題だらけですが、その解決の手立てもないのが彼らの現状です。

学校での問題については、第四章に詳しく書きます。

家庭に関しては、たとえば、中学受験にまつわる後遺症のようなものを引きずったままの生徒が少なくありません。受験までの親子関係や友人関係のわだかまりを抱え、また、「不合格」に対して不当な劣等感を持っていることがあります。そういったダメージは、はるかに私の想像以上でした。中学受験の負の面について、私たち大人の責任の重さを度々痛感させられます。

成績や勉強を理由に、親にたたかれたり、物を投げつけられるといった間接的暴力や暴言を受けるケースにも、想像を超える頻度で出会ってきました。一見教育熱心な家庭での、教育虐待です。親も、年々ますます追い詰められているように思われます。

家庭での問題については、第五章に詳しく書きます。

3 精一杯の作文にどう応えるか

中学生たちが抱えるこういった問題を、彼ら自身はどう考え、どうすればよいのでしょうか。切実な問題について精一杯本音で書くこと自体に、問題を対象化するという意味があり、さらに、同じ中学生の読み手と本音で意見交換することが、自己相対化を助けます。それに加えて、書くことを指導した一人の大人として、また一塾として、それぞれの問題の本質をどうとらえ、彼らが前に進むために何ができるのか、それが常に私と塾の喫緊の課題です。毎週の塾の会議で、塾長の中井さんと、もう一人の講師、松永さん（松永奏吾）と、三人で延々と議論してきました。

また、中学生たちだけでは解決できない問題も多々あります。親たちは何ができて、何をするべきなのか、また、学校は、そして法律や行政はどうあるべきなのか、そのためにどうすればよいのかといったことも含めて、考えあぐねてきました。

そして、生徒たちには、私の答えが出せたところまでを**「君たちが抱える問題の本**

質と、その対策」という小冊子にまとめ、毎学期改訂しながら共有してきました。それを、次の第三章に掲載します。今日までに見えてきた、中学生たちが抱える問題の全体と、その対策や考え方についての現時点での私案を見渡してください。

また、そこへ至るまでに彼らがどんな作文を書き、どんな話し合いをして、また、どう成長してきたのか、その具体的なプロセスについては第四・五章をお読みください。第三章より読みやすいかもしれません。

第三章

小冊子「君たちが抱える問題の本質と、その対策」

12年間の教育活動の中で作成してきた小冊子**「君たちが抱える問題の本質と、その対策」**を、本章に掲載します。

指導を始めた当初は、一見何の問題もないように見えた中学生たちが、それぞれにどれほどの悩みや問題を抱えていることか――その私の理解が深まるにつれて、より難しい問題が作文に現れるようになっていきました。「人それぞれ」や「多様性を認めましょう」、「いじめてはいけない」といったきれいごとでは済まないものを、生徒たちが本気でリアルに書いてきます。

そういうものを書かせた以上、それを十分に受けとめ、応える責任があります。一人の大人として、また一塾として、彼らに何が言えるのか、どう指導するべきなのか、彼らの作文や話し合いから学びながら考えてきました。その現時点での到達点が、この小冊子です。

ここに至るまでの具体的なプロセスについては、第四・五章に記します。

また、塾長の中井さん作成の教材**「部活、サークル、クラスの行事などの問題」**も、その後に掲載します。次の第四章の最後に、生徒たちの意識が個人の問題に集中しがちであり、クラスや部活といった組織の観点が弱いこと、また、実際にそれらの組織にルールがないという問題について書きます。中井さんがそれを6年前に問題提起し、この教材をつくりました。クラスや部活、委員会などでの問題が生徒から出されるたびに、彼らとこれを確認して、考えます。

さらに、これは学校の組織だけではなく、一般社会のあらゆる組織に共通する本質であり、また、問題解決のための具体策だと思います。

小冊子「君たちが抱える問題の本質と、その対策」

田中由美子　作成

目次

Ⅰ 思春期と、自立の全体像

中学生が直面する問題や、心を占めている問題は、思春期の意味と深くつながっている。対立、葛藤に向き合い、自立に向かって歩んでいくことが、思春期の第一の課題。

(1)思春期の意味（人生の第二段階）

・第一段階：親やこの世界と一体の幼少期。親や教師の考えを無批判に受け入れて、人間に育った。
・第二段階：思春期（小学校高学年頃〜）。「自分とは何か」、「自分は何のために生きるのか」が問題の中心になり、周りとの間に、また自分自身の中に「ひび割れ」が入る。親や教師への反発や否定、また同年代とも分裂、対立、闘争し、自分の中でも葛藤する。
・第三段階：親から自立して、自分の世界をつくっていく段階。

(2) 自立のために

・思春期の「ひび割れ」＝対立、葛藤は成長の必然であり、それがあるからこそ成長できる。親、大人から与えられてきた価値観を、自分のものとしてとらえ直し、超えていくとき。

・自分の疑問に向き合い、問いを立て、調査し、ゆっくり考えて自分の答えを出していく。問題に主体的に向き合う姿勢と覚悟、能力を持つ、自立した大人になるために。

(3) 進路進学

・(2)の中で、大学で何を学びたいか、自分のテーマの芽、問題意識を自分でつくっていく。

・親が決めた小学校や中学受験の延長ではなく、偏差値等とは異なる、自分の基準をつくる。

⑷あわてない

・⑴の第三段階へ向かおうとする姿勢を目指す。「勉強」をただむやみに頑張れないのは、成長のあかし。ゆっくり構える。立ち止まることがあってもいい、10年先の成長を目指す。

Ⅱ問題解決のための前提（Ⅲ～Ⅴの個々の問題解決に共通する大切な点）

⑴組織（ルール）の問題への意識

➡「部活、サークル、クラスの行事などの問題」

・単に個人の問題だけでなく、クラスや部活など組織の問題に着目し、その解決に取り組む。

・それぞれの組織は、どういう目的のために存在し、その目的達成にふさわしいルールがあるか。目的とルールはメンバーで共有され、ルールは守られているか。組織のよりよいルールをつくっていけるように、練習していく。

(2) 犯罪

・痴漢や暴行、傷害、恐喝、脅迫などの犯罪にあったとき、または、見たときは、必ず、できるだけ早く大人に相談する。犯罪は、人間の基本的人権を侵害する、絶対に許されてはならないことであり、国の法律で禁じられている。

(3) 大人への相談

・子どもの問題の後ろには、必ず大人や社会の問題があり、それが子どもという弱い立場に強く現れる。

・子どもだけで解決できない問題は多々あり、子どもには、大人に問題解決の協力を求める権利がある。大人には、問題解決やルールづくりを指導し、子どもの安心安全を守り、子どもを成長させる義務がある。

・「チクる」のは悪いという考えは不十分。問題解決は、自立を目指すためであり、そのための大人への依存が必要な場合もある。

・学校では、いじめ対策委員会や、信頼できそうな教師や校長、スクールカウンセラーに相談。校長が本気で動かない場合は、公立なら教育委員会、私立なら都道府県知事に訴える。

・親にも問題解決のための協力を求める。未成年者の法的権利は親が代行することが法律で定められており、学校側と対等に交渉できるのは、子どもではなく、親だから。

・親や教師など身近な大人の他にも、あらゆる相談窓口を利用するとよい。親に相談できない場合も、相談窓口を利用して、信頼できる大人を一人でも探し出す。具体策が出されて信頼できると感じなければ、他をあたる。

※相談先例を、本小冊子の最後に掲載します

Ⅲ学校での問題

学校は、明確な目的のないクラスの中で、固定した人間関係を続けなければならないという特殊な場。また、その学校生活が生活の大半を占める。

本来、学校は、将来自立して生きていく力を身に付ける場。自立とは、自分の人生の目的を持ち、その目的のために、先生や友人、恋人を選んで生きていくこと。

(1)友人関係、「ぼっち」

・思春期の全員が「ひび割れ」を抱え、互いに対立するのは必然。

➡Ⅰ(1)(2)

・批判や疑問は直接相手に言う。嫌がらせて傷つけることが目的でないなら、批判し合うことは正しい。逆に「傷付けてはいけない」が第一では、気を遣い合うばかりで、関係を築くことも、成長し合うこともできない。

・誰とどう関係するのかは自分で選ぶ。「仲直り」や「仲良し」は不要。絶交はあり。

・グループに入らない「ぼっち」自体に問題はない。その人を下に見るのが間違い。

(2)「いじめ」

・「いじめ」の本質は、自己確認をしたいという、思春期の欲求のための争い。
・誰かを嫌いだと感じたり、他人と対立するのは当然だが、不満や批判は直接相手に言うべき。不満を態度で示したり、陰口をたたいたり嫌がらせをするべきではない。
・率直に話し合って相互理解が少しでも進めば、それだけが本当の解決。謝罪では解決しない。⬇右記(1)
・自分たちで話し合いができない場合は、
　i 親や信頼できる教師、その他の相談窓口で探し出した大人に、協力と解決を求める。⬇Ⅱ(3)
　ii 緊急避難が必要だと感じたときは、学校や部活に行かない。（卒業資格は得られる。）
・「いじめ防止対策推進法」（２０１３年施行）によって、各学校に以下が義務付けられている。
　○「いじめ防止基本方針」を策定し、その内容を生徒と保護者に公開すること。

○常設のいじめ対策委員会をつくり、生徒や保護者がそこに相談できるように、周知すること。

○暴力や恐喝などの犯罪や、ネット上での侮辱や名誉棄損などに対して、警察との連携を強めること。

この法律を根拠に学校や教育委員会に解決を求め、解決しないなら裁判に訴える。 ➡Ⅱ(2)(3)

・学校には校内の問題に対する責任があり、教育委員会や都道府県はその学校の管理に責任がある。「暴力や恐喝（金品をたかる）」は、法律違反の犯罪であり、警察の対処も求める。それ以外の「嫌がらせ行為」も、悪質なものは同様。

・「いじめ」の根本的な解決としては、他者に依存した自己確認ではなく、自分自身で自己確認ができるようになること。自分の問題意識やテーマを、時間をかけてつくっていく。

君たちが抱える問題の本質と、その対策

(3)学校行事、部活、委員会、「スクールカースト」

→Ⅱ(1)、「部活、サークル、クラスの行事などの問題」

・それぞれの組織の目的と、その目的達成ためのルールを確認し、改善していく。

・ルール違反=不正が、野放しになっていないか。「スクールカースト」の背後に、一部の生徒や教師による組織のルール違反、不正がないか。

・学校行事や部活、委員会は教育の一環だから、問題があれば教師の指導を求める。

→Ⅱ(3)

(4)校則

・校則は、人権尊重を定めた憲法や法律の範囲内で、教育目的を追求するためのものでなければならない。

・校則には、その改正のためのルールが入っていなければならない。

・それらが守られていない場合は、親の協力も得て学校などと交渉する。

→Ⅱ(3)

(5) 体罰

・教師や顧問の暴力は、犯罪。言葉の暴力も同じ。教育基本法と学校教育法違反。重大な人権侵害であり、自立を阻むもの。

・ただちに周りの大人や児童相談所、警察などに助けを求める。問題視されない場合は、体罰を容認しない他の大人に相談して声を上げる。➡Ⅱ(2)(3)

(6) 「連帯責任」の問題

・個人の責任を、安易に集団の責任にすり替える「連帯責任」は、間違いである。

・生徒の自立を目的とせず、生徒を管理しやすくするために、集団に罰を与えているのではないか。

・学校側の責任を問わず、すべてを弱い立場の生徒側に転嫁してはいないか。

(7) 不登校

・不登校生が増え続け、現時点で中学生の5％にも上ることは、学校や家庭、

君たちが抱える問題の本質と、その対策

大人社会に大きな課題があることを示している。

・義務教育の「義務」とは、子の義務ではなく、親が子に教育を受けさせずに働かせることを禁ずるという意味の義務である。

・子どもにとって教育は権利であり、また、人間としての成長のための学びは義務でもあるが、正規の学校への登校の義務ではない。子どもは、あらゆる形で教育を受ける権利を持つ。

・学校は選択、転校が可能。また、小中学校は登校せずに卒業が可能であり、「高等学校卒業程度認定試験」合格によって大学受験資格は得られ、就職の際も「高等学校を卒業した者と同等以上の学力がある」と見なされる。

・相談窓口は多数ある。Ⅱ⑶や最後の相談先例の他、各地域の不登校の子の親の会など。

Ⅳ家庭での問題

一般社会と同様に、家庭でも基本的人権が尊重されなければならない。つまり、親子、夫婦、兄弟間の人格の対等性が守られなければならない。

そうして、子どもを親とは別人格として自立させて社会に送り出すことが、家庭の使命。

家庭は閉じているため、深刻な問題が外から見えにくく、また、その内部での相対化や客観視が難しい。家庭の外にも相談しながら、自分の家庭や親を客観的に理解していくことが大切。

(1)親子関係

・子が自立という課題を持つことによって、親子一体の世界に「ひび割れ」が入る。親への反発や疑問は自立の芽。 ➡Ⅰ(1)(2)

・ただし、親に反発したり、承認を求めて甘えたりの繰り返しに留まらず、自立のための課題に取り組まなければならない。親の「コピー」ではない、自分の考えを持った一個人へと自分をつくっていく。

・親が支払う教育費用について、子には一切の負い目はない。ただ一筋に自立を目指すのみ。

・母子や父子関係の問題を考えるには、家庭の中心でその全体を決めている父母や、その関係を、できるだけ客観的に理解していくことが大切。

・思春期は、親子が上下関係から対等な大人どうしの関係へと移行するための重要な転換点。その移行が、学校で他の生徒と対等な関係を築く土台にもなる。

(2) 虐待

・子への体罰は法律で禁止されている（２０２０・４～児童虐待防止法・児童福祉法）。言葉の暴力も同様。勉強や成績を理由とする暴力や暴言＝教育虐待も、もちろん虐待。緊急非常事態。

※児童虐待防止法14条1項「児童の親権を行う者は、児童のしつけに際して、体罰を加えることその他民法第８２０条の規定による監護及び教育に

必要な範囲を超える行為により当該児童を懲戒してはならず、当該児童の親権の適切な行使に配慮しなければならない」

・家庭という密室で、親子という選択ができない関係の中での、立場の弱い子への、悪質な人権侵害。子の心身の健康や、自立を著しく阻むもの。

・ただちに周りの大人や、児童相談所、警察などに助けを求める。➡Ⅱ(2)(3)

(3)小学校受験や中学受験

・小学生や、それ以前に決めたことは、第一に親の責任であり、入試の結果は、本当の意味での、子の成功でも失敗でもない。「不合格」を単に自分の勉強不足のためだと考えるのは一面的。

・中学生の今は、親が何を目的に受験をさせたのか、また、そのための塾や家庭での学習のあり方は、自分を豊かに成長させるものだったのか、客観的にとらえ直す。

・特に受験期に起きやすい、親の暴力は、間接的暴力や暴言も含めて、右記(2)の教育虐待である。

・自立に向かおうとする思春期に、逆に、受験のために大人の管理を強く受けたなら、今は方向転換が必要。大学受験は中学受験の延長でもリベンジでもない。つまり、偏差値だけが基準ではなく、大学で何を学びたいのかが第一。高校受験もその過程であり、高校入学後も自分をつくっていくことが大切。

➡Ⅰ(2)(3)

(4)両親の関係

・両親の間にもめ事や離婚、別居などの問題がある場合、どんな場合も大人である本人たちの責任であり、子には全く責任がない。また、子が問題を解決することもできない。
・ただし、子にとって、父母やその関係を客観的に理解していくことは必要。
・子が夫婦間の暴力を目にする場合、それは子への虐待でもある。児童虐待防止法違反。その他大きな問題がある場合は、周りに助けを求めながら、自分の自立のための課題に取り組んでいく。大学入学時などに実家を出て暮らすことも視野に入れる。

(5)兄弟の問題

・兄弟の一方の問題は、もう一方には責任はなく、また解決することもできない。自分の問題ではないのに、その影響や心の負担が大きいから、ぜひ大人に相談するとよい。➡Ⅱ(3)

・兄弟関係の問題を考えるには、家庭の中心でその全体を決めている父母や、その関係を客観的に理解していくことが必要。

・兄弟の不登校や障害などについては、調査、学習して、自身の考えをつくっていく。「きょうだい児」(病気や障害のある兄弟を持つ子ども)を支援する活動をしている組織で、当事者同士で学び合うのも救いになる。

Ⅴその他

(1)スマホ・ライン・ゲーム依存

・根本の問題は、自分をつくって親から自立していくという思春期の最大の課題に取り組めないこと。「勉強」や「成績」という、本来手段であるものが目的になってしまっていないか。「時間管理」や「没収」では根本的な解決にはならない。

⬇Ⅰ(2)

・友人関係の問題がLINEやSNSの問題として現れ、不安でスマホを手放せなくなることもある。

(2)「発達障害」

・「発達障害」は、親や医師とよく話し合い、よく調べ、また、具体的な問題は何かなどていねいに考えていく。

・「発達障害」についての疑問や不安がある場合は、親や鶏鳴学園、その他に相談するとよい。
⬇Ⅱ(3)

※相談先例

どの相談先がよりよいのか、複数試し、信頼できるところをあきらめずに探してください。

〈悩み全般・虐待〉

・鶏鳴学園

・学校

・児童相談所　TEL１８９（全国共通）（24ｈ）

・警察　TEL１１０

・教育委員会（自治体毎に名称や電話番号が異なる。君の住む区や市の役所に、電話で、またはＨＰで調べる）

・子ども家庭支援センター（同右）

・子供のＳＯＳの相談窓口（文科省）TEL０１２０・０・７８３１０（24ｈ）

・子どもの人権１１０番（法務省）TEL０１２０・００７・１１０

（平日8時30分～17時15分）

君たちが抱える問題の本質と、その対策

・**子どもの人権110番**（東京弁護士会）TEL０３・３５０３・０１１０
（月～金13時30分～16時30分　17時00分～2時00分、土13時00分～16時00分）

・**千葉県弁護士会　子どもの専門相談**　相談希望を事務局ＴＥＬ受付後、面談して相談。事務局TEL０４３・３０６・３８５１
（平日10時00分～11時30分、13時00分～16時00分）

・**神奈川県弁護士会　子どもお悩みダイヤル**　相談希望ＴＥＬ受付後、翌日までに弁護士から電話。事務局TEL０４５・２１１・７７０３
（平日９：30分～12：00、13時00分～16時30分）

・**神奈川県弁護士会　子どもの人権相談**　相談希望のＴＥＬ受付後、面談。
（木曜13時15分～16時15分）事務局TEL ０４５・２１１・７７００

・**チャイルドライン**（民間団体）TEL０１２０・９９・７７７７
（毎日16時00分～21時00分）

・**チャイルドファーストジャパン**（民間団体、虐待）TEL０４６３・９０・２２６０
（月・水、除祝日10時00分～16時00分）

・#いのちSOS（NPO法人　自殺対策支援センターライフリンク）
TEL 0120・061・338（毎日12時00分〜22時00分）

・いのちの電話（日本いのちの電話連盟）TEL 0120・783・556
（平日8時30分〜17時15分）

〈いじめ〉

・東京都　いじめ相談ホットライン　TEL 0120・53・8288（24h）

・東京都　ネット・ケータイトラブル相談　TEL 0120・1・78302
（月〜土15〜21時　除祝日）

・東京都　子ども権利擁護専門相談　TEL 0120・874・374
（平日9〜21時、土日祝9〜17時　除12月29日〜1月3日）

・目黒区子ども権利擁護委員　TEL 0120・324・810
（水・金13〜18時、土10〜16時）

・埼玉　24時間電話相談　TEL 0120・86・3192（24h）

・埼玉　子どもスマイルネット（子ども権利擁護委員会）

TEL048・822・7007（10時30分～18時00分 除祝日、12月31日～1月3日）

・千葉　24時間電話相談
TEL0120・415・446（24h）

・神奈川　24時間子どもSOSダイヤル
TEL0120・0・78310　0466・81・8111（24h）

・都道府県警察の少年相談窓口

東京　ヤングテレホンコーナー
TEL03・3580・4970（24h）

埼玉　ヤングテレホンコーナー
TEL048・861・1152（月～土8時30分～17時15分）

千葉　ヤング・テレホン
TEL0120・783・497（祝祭日を除く月～金9～17時）

神奈川ユーステレホンコーナー
TEL045・641・0045　0120・45・7867（平8時30分～17時15分）

・警察　TEL110番

〈きょうだい児(病気や障害のある兄弟を持つ子ども)やヤングケアラーの悩み Ⅳ(5)〉

・一般社団法人　ケアラーアクションネットワーク協会

https://canjpn.jimdofree.com

教材「部活、サークル、クラスの行事などの問題」

中井浩一（鶏鳴学園塾長）作成

組織運営上の問題と、個人の問題を区別する

1. 組織を理解する

組織には、目的があり、その目的を実現するために存在する。
そして、その目的実現のための意思決定と問題解決のルールがある。
したがって、目的が何なのかは、常にそのメンバーで確認しなければならない。
目的が変われば、ルールも当然変わる。

2. 組織運営　目的達成のためにルールがある

（1）組織の意志決定のルール

①顧問、コーチ、最高学年、権限と責任はどうなっているのか
権限には責任が伴う。責任はどう取られているのか
②執行部（部長、副部長）はどう決まるのか
③意思決定の過程に、メンバーはどう関われるのか
④その決定に不満や疑問がある人は、それをどう表明できるのか
表明された時に、組織はどう対応するのか

（2）問題解決のルールが明示されているか

①メンバーが組織に問題があると感じた時、それをどこでどう表明できるか
メンバーが問題があると思った時に、その不平・不満・疑問を出す窓口があるか
②組織は、そうした不満や疑問を組織内で、どう取り上げるべきか
③問題解決のためのミーティングは定期的に行われているか
誰が開催できるのか
意志決定はどうなるのか
連絡事項はどう伝わるのか

3. ルールが明示されていなくても、暗黙のルールがある

だから、ルールを問題にし、みなで確認し、必要なら新たなルールを作っていけばよい

4. ただし、問題が多すぎて、または大きすぎて何もできない場合は、両親に学校側と交渉してもらう

学校側と契約しているのは本人だが、学校側と対等に交渉できるのは、本人ではなく保護者だからである

なぜなら、未成年者の法的権利は保護者が代行することが法律で定められているからである

問題が多すぎて、または大きすぎて何もできない場合とは、例えば、

①組織の意志決定のルールがあいまいで特定の個人の横暴がとおっている

②ミーティングがない、または学期に1回などと少なすぎる

③不平・不満・疑問を出す窓口がない

さらに、学年での相談も、先輩との相談も、顧問やコーチとの相談もできない
そうした場合である

5. ルールを作る上の注意

（1）100点満点や「正義」を求めない

（2）現状よりもよりマシなもの、現実にすぐに変えられるもの、具体的なものになっており、それが守られているかどうかを、誰でもチェックできるようにする

（3）ルールの改正のためのルールを決めておく

説明

ルールは、その組織の現状、そのメンバーたちの能力などの諸条件を反映し、それに依存する。その大枠の中で、可能な範囲で、ルールを作るしかない。

ルールは、その組織の発展段階を反映するもので、現状や発展段階に合わせて変えていかなければならない。

ルールは不変のものではない。むしろその逆で、その組織とメンバーたちの現状、直面した問題などに合わせて、たえず見直し、改訂、改正していくべきものだ。

したがって、ルールの改正のためのルールが必ず必要になるから、最初からそこまでを含めて設定しておかなければならない。

第四章

中学生たちが抱える問題

学校編

中学生たちが書く作文の題材で最も多いのが、学校での出来事です。公立、私立を問わず、人間関係への不安が強く、神経をすり減らしている生徒は少なくありません。私も、40代の経験から、対人関係の不安は他人事ではありませんが、その昔、学校での人間関係に、私も含めて級友たちがそれほどぴりぴりしていたという記憶はありません。塾の生徒たちがよく使う「性格が悪い人」とか「いい人」という表現の意味は、長い間わかりませんでした。最近「自分に害を与えるか与えないか」がその基準だと言った生徒がいました。「守りですけど」と。そのとき、他の生徒からも、自分も同じ考えだという声がかなり上がりました。「害」というのは、陰口を言われるというようなことも含まれるようです。人間関係を恐れ、「守り」に入るしかない彼らの現状を、あらためて実感した出来事でした。

いったいなぜそうなっているのか、どういった背景があるのでしょうか。

この章では、中学生たちが学校で抱える問題について、彼らがどんな作文を書いてくるのか、そして、それを受けて私はどう考えてきたのか、また、どんな授業を行ってきたのかを紹介します。

鶏鳴学園でも、高校生の場合は、自分が「いじめ」られたことは書いても、自分が

「いじめ」たという作文は出てきませんが、中学生たちは、それもありのままに書いてきました。

なお、本章と次章における個々の生徒の事例については、個人が特定されないように変更を加えてあります。

1 「いじめ」たことを書いた作文

「中学生クラス」がスタートして数年経った頃、ある女子生徒が友人関係の経験を書いた作文は、衝撃のリアルさでした。その学期に「いじめ」を描いた重松 清の短編小説を読んだことの影響もあったかもしれませんが、入塾して一年目は当たり障りのない作文を書いていた彼女が、自分の心を全部さらけ出して書いたという、彼女の中の大きな変化があったようでした。自分の殻を一つ破ったという実感が、彼女自身にもあったと思います。

作文は、クラスやグループでの位置取りをめぐって神経をすり減らす攻防でした。リーダー的存在の煙たい相手に取り入って、自分が認めてもらえるとつい嬉しくなってしまうといった、彼女自身の情けなさや葛藤も描きながら、やがて自分が仲間外れにされる脅威を感じるや、緊張が高まります。相手への怒りがどんどんふくらみ、周りを巻き込んで相手を孤立させ、自分を守ろうとします。

また、教師が「言いたいことは直接相手に言いなさい」と指導する一方で、「相手を傷つけないように、言葉遣いに気を付けなさい」と指導することの矛盾を突いて、相手に言いたいことなんか言ったら、いじめたと教師にとがめられるとの反感を綴っています。そして、「いじめ」を「いじめ」だと認定されないようにと、仲間たちとひねり出した理屈付けを書きました。

この作文をどう指導するのか、これが大問題でした。

まず、彼女が、事実も思いもそのまま正直に書いたことを大いに評価しました。取り繕ったきれいごとではなく、ありのままを書いてこそ、いったい何が起こったのか、自分はどういう人間なのかを考えてみることができます。その意味で、この作文は第一級でした。

しかし、その内容は、彼女自身が仲間外れにされる場面があったとはいえ、それ以上自分が「いじめ」られないように、相手を「いじめ」たのですから、たんに作文をほめて終わるわけにはいきません。

何よりも、彼女がなぜこの作文を書いたのかと考えると、現状が苦しいからだろうと思いました。心底そのままでいいと思っているなら、わざわざ自分の弱い面を書いて、他人に見せる必要はありません。

たしかに、彼女の作文について話し合う中で、他の生徒たちから、彼女も「相手と同じことをしている」と批判されても、本人は意に介さない様子でした。「自分は間違っていない。相手を傷つけるのはよくないけど、自分が傷つくのは絶対に嫌だ」と言い切りました。その時点の彼女には、それ以外にやりようがなかったのです。

しかし、それでは心が休まることもなく、無意識にもその次へ進むための糸口を求めていたのだろうと思います。

私がそのときできたことは、作文に描かれている彼女の姿を、事実として彼女と共有するところまででした。不安や弱さからくる支配欲に翻弄され、自分を守るために友人をコマとして使う、そのやるかやられるかといった権力闘争に明け暮れる様子が、作文にリアルに描かれていました。その事実を確認するところまでが、その時点での彼女への精一杯の批判であり、それが私の限界でした。

解決への道筋は、ほとんど示すことができなかったのです。いったい「いじめ」とは何であって、「相手を傷つけるのはよくないけど、自分が傷つくのは絶対に嫌だ」、つまり「いじめ」られないために「いじめ」ることは、どう超えていけるのでしょうか。問題の本質と、その解決策を追究するという宿題が、私に残りました。

この後に書くことは、その宿題の答えを探り求めてきた私の、今現在までの過程です。

2 他人を傷つけるからよくないこと?

前節の作文が書かれた頃、男子生徒の、やはり級友を孤立させる顛末を描いた作文も、提出されました。グループのボスを自分の思い通りに操って、気に障るメンバーを仲間外れにしたり、かと思えば、ボスの顔色をうかがってびくびくしたりする情けない姿を、自ら笑いのめすかのように描写しました。

女子の作文がリアリズム一直線であるのに対して、男子は漫画のセリフでも借りているのか、少々戯画化される傾向がありますが、彼も現状に苦しんでいることがよくわかる、精一杯の作文でした。

それ以前は、「いじめ」は見たこともないと言っていた彼でしたが、別の「いじめ」問題を知ったことがきっかけとなったのか、自分たちの「いじめ」を自覚したようでした。そして、保護者や学校に知られてとがめられはしないかと恐ろしくなります。しかし、彼のグループ内では、また別のメンバーの新たな仲間外れが画策され、彼は自分が孤立することを恐れて異論は口に出せず、戸惑ったまま作文が終わります。

その他にもたくさんの「いじめ」の作文を読み、生徒たちと話し合う中で、私は、私たち大人が中学生たちに対して、「いじめ」とは何かを、よくとらえて示すことができていないのではないかと思いました。

一般に、「いじめ」とは他人を傷つけることであり、だからよくない、というのが生徒たちの理解であり、それは当然、教師や親、世間の理解の反映でしょう。文部科学省の「いじめ」の定義も、相手が傷つけば、それは「いじめ」だという、相手の主観を主な基準とする論理です。そして、傷つけた側の加害者を叱り、被害者に対して謝らせるという指導が一般的であるようです。

しかし、「いじめ」とは他人を傷つけることだという、その理解をもって、先の女子や男子生徒の、「相手を傷つけるのはよくないけれど、自分が傷つくのは嫌だ」というような論理にどう対応できるでしょうか。「いじめ」られないために「いじめ」るという論理です。

また、学校で謝らせられたという生徒に、何かをほんとうに考えたり、反省したような様子は見られず、ただ辟易しきっています。心に刻まれたのは、二度とトラブルには関わり合いたくないということだけです。

他方、謝られた側の生徒も、関係の内実について相手と率直に話し合うこともなく、形だけ謝られて、こちらも辟易しています。謝られたら必ず許さなければならないという暗黙のルールのもと、「いじめ」た生徒と握手までさせられたという、小学生の時の苦い経験もよく語られました。

また、授業の中で「いじめ」が話題になると、必ず生徒から出てくるのが「いじめられる方も悪い」という思いでした。「いじめ」はよくないという総論に反対する生徒はいませんが、各論になると、それが多くの彼らの本音のようでした。何らかの至らない点は、私たち誰にも常にあり、当然「いじめ」た側の生徒にも課題があるにもかかわらず、「いじめ」られた人の課題だけが、強く彼らの心に残っている印象です。

表面上「いじめ」が行われなくなったとしても、それでは問題が解決したとは言えないでしょう。

3「自分が傷つくのも嫌」

ここまでの二つの節で、女子と男子、二人の作文について紹介しましたが、そのような「いじめ」は身近にはない、または、自分の子どもの学校にはなさそうだという方もおられるのではないでしょうか。

一般に、生徒たちの学校での人間関係の実態は、えてして大人の認識よりは厳しいと、日頃感じています。彼らは人間関係に非常に気を遣い、しかし、気を遣うばかりで言いたいことも言えず、問題への対処の手立てが乏しい状況です。勉強面では心配だけれど、学校生活は問題なく楽しいようだというような親の認識に対して、子どもにとってはむしろ、人間関係が心に重くのしかかっているというようなことはよくあります。

ですが、「いじめ」については、近年の生徒たちの作文には、中学でのその話題はずいぶん少なくなりました。新型コロナウイルス感染拡大によって学校での活動が一時縮小する前からの傾向です。近年公的ないじめ認知件数がまた増加していることと符合するものでもなく、「いじめ」作文が減った客観的な理由はまだわかりません。

そのうえで、私は、作文のこの傾向は、「いじめてはいけない」「傷つけてはいけない」という教育がある意味浸透したことによって、彼らが以前よりもさらに慎重にトラブルを避けるようになったことの表れではないかと推測しています。特に2013

年のいじめ防止対策推進法の施行後、学校側が「いじめ」が起こらないようにということにより力を入れてきたのではないか、その用心深さが生徒たちにも行き渡ってきたのではないかと、彼らの作文や話し合いから考えています。集団生活ですから避けるに避けられないトラブルもあるわけですが、その場合も、まるでトラブルではないかのように表面上を取り繕おうとします。

より慎重にともかくトラブルを避けるようになったのは、私が塾で出会う、首都圏の一定の階層の子どもたちだけの傾向なのでしょうか。

この章の冒頭に紹介した女子生徒に対して、教師が「言いたいことは直接相手に言いなさい」と教えたのは、それ以外に解決方法はないだろうと思われる、生徒間のトラブルの本質に迫った指導だと思いました。しかし一方で、「相手を傷つけないように言葉遣いに気をつけなさい」との指導も重視されていたとのことですから、そうすると生徒たちは、実質的に、相手に対して本音でものが言えなくなります。また、そういった指導が、彼らが表でものを言わないことを正当化してしまいます。

そうした中で、生徒たちの多くは、自分の本音は延々と「心の声」に留め、口には出しません。しかしあるとき、我慢してきた状況についに耐え切れなくなり、怒りが爆発するケースもあります。しかしその怒りの感情もまた相手には伝えず、黙って「距離を置く」といったことにもなっています。

男子生徒は、女子生徒よりはフランクにものを言う面はありますが、大切なことになればなるほど結局言わないので、大きな違いはありません。今時の中学生が、中学生に対してお世辞を言うのも、おおむね男子も同じです。

相手に直接言いたいことを言ってみないので、相手のことも、自分自身の姿もリアルに見えてきません。互いの理解が深まって関係が築かれていくということがなく、言いたいことはますます言えません。

そうして互いに不満を持ちながら話し合うすべもなく、そうなれば、ともかく自分が「いじめ」られないように、クラスで孤立しないようにと、また、まかり間違っても誰かを「いじめ」たなどととがめられることがないようにと、彼らは息をひそめています。「いじめ」の作文は少なくなっても、その実態は、何らのトラブルも起きないようにと表では言いたいことも言わない総すくみ状態です。

他人を「傷つけてはいけない」なら、当然、自分が「傷つくのもいけない」ということになります。それなら自分が孤立させられて傷つくよりも、先に相手を傷つけるしかないじゃないかという袋小路に、先に紹介した女子や男子は迷い込んでいたのではなかったかと思います。「相手を傷つけるのはよくないけど、自分が傷つくのは絶対に嫌だ」という叫びと落胆は、私たち大人への重要な問題提起を含んでいるのではないでしょうか。

彼らは傷つくことをたいへん恐れ、大なり小なり「いじめ」られないために「いじめ」たり、または「いじめ」られないように同盟を組むべく、「仲よく」します。「仲よく」するためには、空気を読み、ネタを探し、ノリをよくして日々をしのぎます。友人との間で「気まずくなる」という表現が彼らの作文にはよく登場し、そうなると、相手を傷つけたのかもしれない、自分が傷つくかもしれないというピンチです。

しかし、果たして、私たちが、一切他人を傷つけることなく、自分が傷つくこともなく、他人と関係するなどということがあり得るのでしょうか。

4 思春期に対立は必然

そもそも人間関係は、常にどこでも難しく、対立だらけ、傷つくことばかりです。ましてや思春期只中の中学生たちは、彼ら全員が自意識に芽生え、自分はクラスや部活の中でどういう立ち位置にあるのか、周りから認められるのか等々とその存在意義を切実に問い、競い合うのですから、対立は必然です。相手に対する好き嫌いや不満は強く激しくなり、それは彼らが思春期の前には経験しなかった、より切実な対立です。

ですから、それに対処しかねて「いじめ」るという失敗をしてしまうのも、必然的な面があります。

つまり、「いじめ」の本質は、思春期に必然の自己確認の要求から来る争いです。いったい自分はどういう人間であって、この先どう生きていくのか、自分とは何かという問いが、少なくとも潜在的には全員の中に生まれます。

しかし、それは子どもが一人でかんたんに答えを出せるような問いではありませんから、どの生徒も答えを出せずにもがき苦しんでいるのが、中学校という場だと思います。本来、教育とは、生徒がその答えを出すことを援けることではないでしょうか。

思春期という、彼らの「現在地」を、第三章に掲載した小冊子**「君たちが抱える問題の本質と、その対策」**の**「Ⅰ　思春期と、自立の全体像」**の冒頭に示しました。親やこの世界に対して根本的な疑問がなく、全てと一体だった幼少期の世界に「ひび割れ」が生じる、人間の成長の第二段階です。人間関係が「ひび割れ」て、彼ら自身の内面にも悩みや葛藤という「ひび割れ」が生じ、また、自分が「ひび割れ」るから、他人との関係に問題が起こります。

そうして親や、同世代とも対立すること自体には何の問題もなく、むしろ、それが彼らの成長の証です。対立、葛藤するから、親や教師から与えられてきた価値観の、どこが正しく、どこが間違っているのか、自分自身でとらえ直す可能性が生まれます。それは、親が生きた時代とは異なる次の時代を生きる、次のレベルの大人へと成長する可能性です。その過程を経て大人になり、前の世代や社会を超えようとしてきた個々人の闘いの総和として、私たち人類は、代々少しずつ成長、発展してきました。

その闘いの芽が出てくる、思春期という成長過程にあって、「いじめ」は起こるものだと考える必要があるのではないでしょうか。

ところが、生徒間の対立や「いじめ」の可能性が前提にはならず、たんに「いじめ」はあってはならないことだとして叱るだけになってしまっているのには、私たち大人の側の根深い問題があるように思います。

生徒たちの作文には、様々な問題に苦しんでいる彼らの後ろに、問題に向き合わない大人がたくさん登場します。たとえば、夫婦の間や、教師たちの間にも、当然意見の相違があり、どろどろの対立があります。ところが、大人たちが、肝心なその自分たちの対立には手を付けず、生徒たちのことばかりが問題にされます。そればかりか、生徒たちは、大人どうしが連携できないことによる問題を不当にも引き被り、さらに、しばしば大人から愚痴の聞き役を押し付けられてさえいます。そして、かくいう私自身が、長年問題を見ないようにして生きていた大人でした。

私たち大人が、家庭や社会で必ず直面する他人との対立をなかったことにせずに向き合うことで初めて、生徒たちの間にも対立や「いじめ」が起こって当たり前だという現実的なとらえ方ができるのではないでしょうか。

5 「傷つけてはいけない」という行き止まり

2節に書いた「いじめられる方も悪い」という生徒たちの言い分は、5年程前まで授業でよく話題になりました。最近は、先述の通り「いじめ」の作文が少なくなりましたが、当時「いじめ」作文について話し合うと、生徒たちから必ず飛び出した本音でした。

最初に断っておきたいのですが、「傷つけてはいけない」ということが柱になっているように思われる「いじめ」指導への私の疑問は、むろん、相手を傷つけたいという悪意を肯定するものではなく、その悪意には常に注意が必要だと考えています。

「いじめ」に深く関わる、相手への差別意識についても、授業の中でよく問題にします。たとえば、クラスで休み時間などに一人で過ごしている生徒、彼らの言葉では「ぼっち」への差別です。多くの生徒たちは、自分が「ぼっち」になってクラスの皆から可哀そうだと思われるのが嫌だと言います。多少とも「スクールカースト」という階級意識がある今の学校という閉鎖空間で、日々長時間を過ごす彼らがその思いに取りつかれる気持ちは、わからなくはありません。しかし、自らの首も絞める、「ぼっち」を下に見る考え方自体がまちがいです。グループに属していることをもって、自分の方が上だなどと言えるでしょうか。なんのためにグループに入っているのか、グループ内にもおかしなことが起こっているのではないか、その問題をなんとか解決しようとしているのかなど、突っ込みどころはいろいろあります。

「いじめられる方も悪い」という生徒たちの本音を授業で聞くたびに、なぜその思いが多くの生徒に共有されているのか、考えさせられました。

まず、学校側の「いじめる人は悪い、いじめられる人は悪くない」という考えへの違和感や反発のようでした。学校では、「否、いじめられる方も悪い」などと反論すると、「いじめ」を肯定しているかのように受け取られかねないので、そうは言えないわけです。彼らも、一般に「いじめ」がよくないことは認めます。ですが、個別具体的な話になると、「いじめられる方も悪い」という思いも噴き出すのでした。

たしかに、「いじめ」をたんに、どちらが悪いのか、つまり加害者と被害者という構図でとらえようとするところに限界がありそうです。孤立を恐れて「いじめ」られないために「いじめ」るといった攻防など、両者の関係はしばしば複雑です。ただし、生徒たち自身が、どちらが悪いのかという、その構図に足を取られてもいるわけです。

その彼らの「いじめられる方も悪い」という言葉の奥にあるのは、相手を「いじめ」るのがよくないのはわかるけれど、彼らが日々ぶつかる人間関係の問題をどう解決すればよいのかわからないという思いや不安ではないでしょうか。

学校生活の中で、日々同じクラスやグループで長時間を共にする相手や、部活でしょっちゅう顔を突き合わせている誰かに対して、その人の言動を嫌だなと思ったり、それはおかしいよと反感を持ったりということは、彼らにとって多々あります。「傷つけてはいけない」から滅多なことは言えないわけですが、ただ我慢していても問題は一向に解決しません。むしろ、対処方法がわからないまま、その嫌なこと、おかしなことは幾度か重なり、相手への違和感や反感はふくらみます。または、対処しようとしてもうまくいかず、関係はより悪化します。自分が不当な扱いを受けたと感じる場合もありますが、相手は何をどう思ってそういう言動をしているのかを、相手に訊いてみることができる生徒は多くありません。訊いても、たいていははぐらかされます。相手にも何らかの不満や疑問があって問題が起こっていても、下手なことを言って「いじめ」たと言われてはたまりません。互いにまともに話し合うすべはなく、疑心暗鬼の中、陰口や愚痴は言えても、誰かに相談するという選択肢も視野に入っていない場合がほとんどです。

そうこうするうちに、どちら側かが、たいていは周りと徒党を組んで、不愉快を態度で示すような、仲間外れや、相手の存在自体を無視する「シカト」といった言動に出てしまうことがあります。

以上のような状況が、私が生徒たちの作文を通して見てきた人間関係のトラブルや、「いじめ」に至る場合の、大方の姿です。

教師が「いじめ」に気づいた場合は、生徒たちは叱られた後、相手に謝罪することになりますが、そのとき元々の両者間の問題はたいてい何も解決しないままです。ともかく「いじめ」てしまったのだから、相手のある言動が嫌だったというようなことを言えば、言い訳ということになってしまうのかもしれません。彼らにとってはただ罰として、嫌な思いを抱いたままの相手に頭を下げるわけです。

そこに欠けているのは、「いじめ」るのではなく、相手との元々のトラブルに対して本来はどうすればよかったのかという代案です。私は、彼らに自分の思いを直接相手に言えないという問題があると考えていますが、何らかの解決のヒントもない状態では、自分のことを具体的に反省することもできません。「いじめ」たこと以外に自分の課題が具体的にわからないまま、相手側の課題だけが心に残り、「いじめられる方も悪い」という言葉になるのではないでしょうか。

また、その思いは、「いじめ」を叱られたことのある生徒だけではなく、学校での人間関係と「いじめ」指導全般を見て、経験してきたたくさんの生徒たちが共有しています。表面化した「いじめ」問題に限らず、思春期の只中にあるどの生徒も抱える人間関係の悩みについて、いったいどうすればよいのか、現状では、その展望をまったく持てないからではないでしょうか。また、その結果が、3節に書いた、ますます慎重にトラブルを避けるようになった生徒たちの総すくみ状態ではないかと思います。

対立や問題への対処法が見えてこなければ、まるで、そもそも相手の言動に疑問や不満を感じたのがよくなかったかのようにさえ見えます。

私は、学校での「相手のよいところを見ましょう」という指導には違和感を持ちます。小学校も高学年にもなれば、自分と相手との違いや、様々な問題に目が開かれてくる思春期です。対立や問題に対して目をつぶらせるのではなく、向き合うことをできるだけ後押しして支えるべきではないでしょうか。問題や相手に向き合ってこそ、生徒は自分の側の問題にも気づいていったり、また、そうして互いに成長していく中でこそ、相手は相手で認める気持ちも生まれてくるのではないでしょうか。

6 相手への疑問や批判は直接本人に言う

中学生が他人と対立したり、嫌いだという思いを持ったりするのは当然だという前提の上で、彼らの課題は、相手への不満など自分が思ったことを、直接本人に言えないことではないでしょうか。

人間関係の様々なトラブルについて、作文を通して生徒たちと考えてきましたが、当事者やその場の状況に様々な背景があるとはいえ、どの問題についても、何らかの解決をしたいと思えば、まずは直接相手と話す以外にはないと思われました。その行動をむしろ抑制するような「傷つけてはいけない」という考え方は、「いじめ」を助長する面すらあるのではないでしょうか。この章の最初に紹介した女子や男子の作文の中で、彼らも、相手が自分にとって重要な人物であればあるほど、言いたいことがほとんど言えていません。

自分の思いを相手に話さなければ、お腹の中でふくらむ一方ですから、それは陰口や「いじめ」へと裏へ回ります。互いの思いがわからないまま、問題はこじれます。

「傷つけてはいけない」ではなく、「裏で嫌がらせをしてはいけない」と教えるべきではないでしょうか。

また、中学生たちは、ものを言うとなれば、ともすれば、集団で相手に向かって「性格」を直せというようなことを言いがちです。それは不当な越権、人権侵害だと思います。

しかし、相手と対等に話すということがどういうことなのか、どう話せばよいのかということは、かんたんな課題ではありません。自分は相手のこれこれの言動がおかしいと思うとか、こういうことがあったのが嫌だったというように、一個人として相手に真っ直ぐに話をして、相手側の話も聞くというようなことは、練習して身に付けていかなければできないことだと思います。それは話し方のテクニックの問題ではなく、相手や自分、そしてその両者間の問題の本質をどう理解し、さらに、その理解を互いのやり取りの中でどこまで深められるのかといった、人間としての力量の問題でしょう。

「傷つけてはいけない」と教えて、人間関係をいたずらに恐れさせ、自分の中にひきこもるしかないところへ子どもたちを追い詰めるのではなく、直接相手に言いなさいと教えるべきだと思います。彼らが「いじめられる方も悪い」と思うなら、その不満を裏で晴らそうとするのではなく、相手が怒ったり反論したりは覚悟して、表で自分のほんとうの思いを話すように、応援するべきではないでしょうか。

　多少とも敵対する相手と話をするのはかんたんなことではなく、直接話し合っても問題が解決しないこともしばしばです。しかし、私たちは、まず自分の思いを相手に正直に話せる状況があって、それができるだけでも思いのほか救われ、感情だけが渦巻く嵐から逃れ、少しは心を落ち着けて考えてみる気にもなります。「いじめ」対策としても、「傷つけてはいけない」ではなく、むしろ、生徒たちが互いに率直に話をして、相手の話も聞くことができるような関係を可能にしていくことが肝心ではないでしょうか。どちらが悪いのかを決めるためでも、仲直りをするための話し合いでもなく、対立の経験からそれぞれに何らかの学ぶところがあればよいのだと思います。

　また、生徒が学校に集まって学ぶのであれば、人と人の対立を見ないようにしたり、誤魔化したりするのではなく、対立に向き合っていく練習をするところに、その意味があるのではないでしょうか。学校側がサポートし、何度も失敗しながら互いに言いたいことを言い合い、聞き合うことによってのみ、彼らは、相手のことも自分自身のことも少しずつ理解していくことができるのではないでしょうか。

実は、私自身が長い間、「直接本人に言う」という原則で生きていませんでした。肝心なときほど自分の思いを圧し込め、愚痴でガス抜きし、認識能力も表現能力も、その成長を止めていたと思います。

この14年間、そういう私自身の生き方を立て直そうとする中で、中学生たちやその家庭、学校の中に、思いがけず、私が抱えるものと同じ問題を見てきました。私がつまずいてきたことで、子どもたちもつまずいている——つまり、彼らは、私が解決できない問題をそのまま抱えているのだと気づくことになりました。

7 最終目標は自立

中学生は、大人の価値観を無批判に受け入れてきた幼少期から、自分の考えや生き方をつくっていこうという次の段階に、ようやく入ったばかりです。つまり、その自己像は、まだはっきりしない、頼りない段階にあります。しかし、自分の存在意義や自己確認を求める思春期の欲求は強く、どうしても他人との比較や競争に陥りがちです。ほんとうの自信はないので、力ずくで不当に他人の上に立とうとする場合もあり、また、そうされる側は大きな痛手を受けます。「いじめ」も、そういった他人に頼っての自己確認の一つでしょう。

しかし、他者による自己確認では、人はどこまで行っても深く満たされることはありません。それが、この章の初めに紹介した女子と男子生徒が苦しかったことの、いちばんの根っこだったでしょう。

その苦しさは、裏を返せば、彼ら自身の中に、たしかな自分をつくっていきたいという欲求があるということだと思います。きゅうきゅうと自分を守りながらも、それではどこにも出口がなく、先がないことを人間は直観するのではないでしょうか。

そうであれば、中学生たちが人間関係のトラブルを恐れて、他人とまともに関係できなくなるような指導は、成長したいという彼らの意欲に逆行するものではないでしょうか。

そもそも、「いじめ」が他人を傷つけることだからよくないという考え方が、他人を基準にしたものでしかなく、他人に頼っての自己確認という「いじめ」のレベルにすっぽりと納まってしまっている考え方だと思います。

傷つけるのが悪いことで、逆に、「思いやり」や、自分よりも他人を優先するのがよいことだというような、他人を基準にしての価値観が、学校だけではなく世間一般に、相変わらず優等生顔で鎮座しています。そういう価値観が子どもたちを救うでしょうか。彼らは、それが建前だということには遠に気づきながらも、それに縛られています。

「いじめ」についても、それは自分自身として何がよくないのか、自分はどう生きて、他人とはどう関係していきたいのかという、自分の基準を問う考え方でなければならないと思います。そうでなければ、中学生たちが、他人を基準とした自己確認のループから抜け出して成長していく道が開けていかないのではないでしょうか。

中学生たちが心を開いて他人と話せるような、そして、他人と対立もする中でたしかな自分を育てていけるような、そういった学校や社会をつくっていければと思います。

彼らの最終目標は、「いじめ」に限らず、他人に依存して自己確認をするのではなく、自分自身による自己確認ができるような生き方だと思います。そのために、他人と対等に、オープンに話ができて、相手や自分を知っていく中で、生きる目的を持つたしかな自分をつくっていくことが、思春期の彼らの第一の課題です。

また、それは子どもたちだけの課題ではなく、私たち大人も、人生の様々な段階で新たな生き方や能力が必要となっていくのではないでしょうか。私自身も、まだ自立への途上にあります。

第三章の小冊子**「君たちが抱える問題の本質と、その対策」**の**「Ⅲ⑴友人関係、**

「ぼっち」、**「(2)「いじめ」」**には、以上のような私の意見の骨子を記しました。

彼らが日々学校生活を送る中で、人間関係のあり方や「いじめ」をどう考えればよいのか、それを自分で考えるための一つの足がかりになればと思います。また、いざとなったら法律を武器に闘えることも伝えておかなければならないと考え、「いじめ」に関する法律についても記しました。

8 問題の本質を考える練習、言いたいことを言う練習

学校での個別の具体的な人間関係のトラブルや「いじめ」については、塾の授業では当事者同士の話し合いはできませんが、作文に書かれた事実をもとに、生徒たちができるだけ問題を客観的にとらえられるように、話し合いを進めます。どちらが「悪い」か、また、その出来事が「いじめ」かどうかといった議論ではなく、誰に、どこに、どんな本質的な問題があるのかに迫ろうとします。

たとえば、そもそも登場人物間に、対等ではない親分子分関係があったり、自分がクラスで孤立しないために、「友だち」を、いわばその「保険」のようにコマ扱いしていているといった問題や、また、クラスや部活の運営面の問題です。そうすると、それは、その作文を書いた生徒や登場人物の問題であるだけではなく、多くの生徒が日頃抱えている問題でもあるのです。

また、作文の話し合いで、相手に対して率直に批判し、また、批判されたら、それをよく聞いて真っ直ぐに回答する練習自体も大切です

先述の通り、多くの生徒たちは、日常生活の中で相手になかなか言いたいことが言えません。また、私たちは、そもそも自分がほんとうのところ何を思っていて、何が言いたいのかが、いつも初めから明確なわけでもありません。思春期なら、その混乱はなおさらです。それを少しずつはっきりさせていき、相手に直接言えるようになるためには、互いに「傷つけてはいけない」を第一にせず、何度も失敗しながら練習するしかありません。

そういった本音の話し合いがクラスの中で可能になっているのは、互いの本気の作

文を読み合うことがベースにあって、そこに最低限の信頼関係が醸成されていくからだと思います。作文がクラスにオープンにされることにも、それについてオープンに話し合うことにも、初めから慣れている生徒はいません。過去の生徒が本気で書いた作文を読んで意見交換することで、また、同じクラスの生徒が、本気の作文を書いて成長していく姿を間近に見ることで、心が開かれていくのだと思います。

生徒たちは、嘘のない作文についての率直な話し合いを重ね、自分自身のことが徐々に言葉になっていくと、少し余裕を持って周りのことも見られるようになります。そして、学校でも家庭でも、相手にある程度ものが言えるようになっていくようです。

9 不登校生は「ズルい」？

近年は、どの学校のどのクラスにも、不登校生が一人、二人、いるようですが、その不登校生に対する生徒たちの偏見がたいへん強いことに、数年前に気づきました。

学校行事のときだけ登校するという不登校生が、学校や親がそう勧めるケースが多いからか一定割合いるようですが、そのことに対しても批判的です。授業はさぼって、楽しい行事のときだけ来るのはズルいと言うのです。また、練習に来ないのにクラス対抗の合唱コンクール当日だけ来ると、クラスの足を引っ張るとか、文化祭などに当日だけ来ても、クラスの出し物のための「仕事」ができないなどの不満の声も聞きます。

その核心に、多くの生徒たちの中の「不登校」ということに対する根深い差別意識があるのです。それは、自分たちは頑張って登校しているのに、不登校生は怠けているという意識でした。中学生たちの「頑張る」ことについての神話は絶大で、努力は必ず報われ、うまくいかないのは頑張らなかったからだという理屈が刷り込まれています。そして、学校に来ないのは、その「頑張る」とは逆の「怠ける」、「さぼる」という非常にマイナスなことだという認識になるようです。

さらに、自分たちは「こんなに我慢して」学校に通っているのに、そうしない不登校生は「ズルい」という意識です。

不登校は年々増え続け、最近は中学生の5％にも上り、さらに不登校傾向にある「隠れ不登校」はその二、三倍と言われています。さらにそのすそ野に、不登校を半ば羨むような、こういった生徒たちが多数いるというのは、驚きでした。

また、そうであれば、多くの彼らは不登校生たちにかなり近いところにいるわけです。つまり彼らが学校で我慢していることと、不登校生の不登校はつながっている面があるでしょう。たとえば、多くの生徒が薄々おかしいと感じながらも我慢して受け入れてきた、学校の考え方や生活のあり方です。

ところが、彼らはその問題に目を向けて解決を望むのではなく、「我慢できない」不登校生をダメな人間だと見下します。それは、彼らが学校の中で何かを変えられるなどとは思ってもおらず、不登校生を見下すことで、現状と自分自身を肯定するしかないといった様子に見えます。

そもそも、彼らの「努力」という言葉は、実は「我慢」のことなのではないか、目的あっての努力ではなく、意欲なき我慢なのかもしれないと思うようになりました。

学校行事への参加に関して不登校生の態度がはっきりしないことにいら立ち、ＬＩ

NEでその思いをぶつけたところ、結局その生徒がまったく登校できなくなったという出来事を作文に書いた生徒がいました。

書いた彼女も、その結果に心を痛めていたと思います。うっかりきつく言いすぎてしまったというふり返りを綴り、しかし、ほんとうのところその出来事をどう考えればよいのかわからなくて戸惑っている文章でした。

問題の根本は、先述の通り、人間には、「頑張る」か「怠ける」かのどちらかしかなく、登校だけが正しく、不登校は「さぼり」だという、多くの生徒に共通する考え方だったと思います。彼女も、不登校に関することでなければ「不満や批判を直接相手に伝えられる」わけではないのに、このとき登校するかしないかという問題に対しては、上に立って責める姿勢になってしまいました。

しかし、たんにこの生徒個人の問題だとは思えません。近年これだけ不登校生が増え、生徒たちにとって身近になっているにもかかわらず、彼らの不登校への理解があまりに浅く、それが学校で放置されていることに疑問を感じます。

10 不登校はタブー？

ある男子生徒は、小学生の時に、自分が知っている女子が登校してこなくなったことを心配していましたが、教師がその女子について何も話さないので、次第に「怪しい」と思うようになったと言いました。この言葉を聞いたとき、生徒たちがなぜ不登校生を見下すのか、その心境の一端が見えたような気がしました。

「さぼり」だと見下す前に、最初は、何か自分にはわからない事情があって、その人は学校に来ないのだろうという余地を残している場合も、その人について何も知らされず、理解する手立てがないときに、生徒は、教師が何も話さないということ自体に、その不登校生への否定を感じ取るのだろうと思いました。「否定」とは、必ずしも教師の不登校生へのマイナスの評価ではなく、よく理解できないとか、対処に不安を持っているという意味ですが、生徒にとっては不登校生へのマイナスのレッテルになるのでしょう。

別の男子生徒は、担任に不登校の級友のことを尋ねたり、学校に来なくて「ズルい」と言ったりすると、「その話はするな」と言われ、不登校生についての話題はタブーになっていると感じていました。

たしかに、学校側が、特定の不登校生に関して、他の生徒たちに何を話すのかは、実に難しい問題だと思いますが、生徒たちは、担任が不登校について何を言うのかに注目し、期待しています。どう考えればよいのかわからないからです。

私たちは誰もが常に何らかの課題を抱え、その中で、特に思春期には、不登校という形も含めて様々な形で立ち止まるということが起こるものだと思います。なぜなら、努力神話に首までつかりながらも、何のために何をどう頑張ることに意味があるのだろうかといった疑いが、たとえぼんやりとではあっても生まれてくるのが、思春期だからです。

塾のクラスには、まれに今現在不登校だという生徒や、小学生とのときに不登校だったという生徒がいますが、どのクラスでも、不登校に関して本音で書かれた作文をその後も教材とさせてもらって、生徒たちの本音を引き出し、本来どう考えるべきなのか、私の意見も示しながら話し合っています。不登校生も含めて様々な中学生が登場する、森 絵都の小説『クラスメイツ』も、よく話し合って考えることのできる教材です。

また、不登校は、生徒たちにとって最も身近な社会問題の一つですから、文科省の統計資料なども教材として、私がその都度調べたことも伝えています。

そうした事実も含めて、不登校についての私の意見の骨子を、第三章の小冊子**「君たちが抱える問題の本質と、その対策」**の**「Ⅲ(7)不登校」**の欄に記しました。

このような授業を通して、小学生のときの不登校を少しずつふり返っていった女子生徒の例を、ここで一つ紹介します。

彼女は、入塾当初、小説『クラスメイツ』をきっかけに、自分が不登校だったことと、中学に入ってからの友人関係の不安を作文に書きました。ただし、不登校については、その時点では、たんに中学受験のために学校を長期間休んでいたとのことでした。

ところが、その後二年ほどかけて、当時クラスの「キャピキャピした」女子たちの話についていけず、疎外感を感じていたことや、たまに登校しても、周りに見下されていると感じていたことを書くようになりました。それだけではなく、実は、彼女自身が先に周りを見下していたのではないか、とも書きました。

一般に、公立小学校では、家庭の経済力を背景に中学受験をする生徒が、その受験生活のストレスも引き金となって、受験はせずに公立中学に進む生徒を見下したり、後者の前者への反感もあり、そこに軋轢が生じることが珍しくないようです。

彼女の場合に、当時そういうことがどの程度あったのかはわかりませんが、その作文で大切だったことは、かつて彼女が、不登校に関する感情に蓋をしていた状態に比べて、自分のことをより深く理解するようになったことでした。そして、本人自身のその自己理解の深まりが、不安気だった彼女の表情を緩め、明るくしたように思われました。

たんに不登校生が登校するようになることが、必ずしもそのほんとうの解決ではないと思います。登校する生徒も、しない生徒も、自分自身について、そして互いについての理解が少しでも深まることが、大切な成長ではないでしょうか。

11 秘密主義

学校のクラスの委員を決めるために多数決を取るとき、今、首都圏の学校では、生徒たちが頭を伏せて挙手しているケースが少なくないようです。誰がどの候補者を選んで手を上げるのかを、生徒たちが互いに見ないようする仕組みです。たしかに、一般社会での選挙も、投票の自由を確保するために秘密投票という形がとられ、学校でも紙で投票する場合は同様です。とはいえ、この頭を伏せる投票の場合、候補者それぞれの得票数が、たいていは公表されません。その点に、この投票方式の本質が浮き彫りになっているように思われます。

ある女子生徒の作文に、クラスでの多数決の場面が描写されていたのを読んだときに、私は初めてその状況を知りました。司会の生徒が「伏せて!」と号令をかけ、生徒たちが机に頭を伏せていくのです。自分が挙手しながら、級友たちがどの候補に多く挙手するのか、制服の擦れる音に耳を澄ます様子も描かれていました。頭を伏せさせるという、まるで子ども扱いのような光景と、何よりも、その秘密主義に驚きました。

ところが、たいていの生徒は、小学校から経験している当たり前のやり方なのだと言います。そして、彼らは、むしろ「頭を上げたら自由に手を上げにくい」、「得票数を発表したら、票が少なかった人が傷つく」と、頭を伏せる良さを主張しました。この挙手の方式も、「傷つけてはいけない」という配慮のためでしょうか。

ただし、彼らは、小学校での多数決の際に、候補者の一人に対して誰も手を挙げなかった場合も、担任は「はい、みなさん手を下ろしてください」と嘘を言い、「僅差《きんさ》で○○さんに決まりました」と、また嘘を言うのだと見抜いてもいます。

できる限りオープンに、全員で事実を共有するのではなく、何かが隠され、裏のある疑心暗鬼の世界です。そこに、相手に直接話をせずに、こそこそと裏工作をする「いじめ」の息苦しさや、また、不登校生のことがタブーにされることに重なるものを感じます。

そして、これは学校だけの話ではなく、一般社会でも、上の者だけがわかっていればいいとか、都合の悪いことは隠したいといったことから、公開されるべきことが伏せられることは少なくありません。肝心なことほど曖昧にしておく方が、後々言い逃れも容易です。

しかし、それは「上の者」だけの問題ではないでしょう。秘密主義が当たり前になってしまい、「個人情報」やプライバシー、傷つきたくないといったことが第一になってしまっている多くの私たちも、いわば共犯なのだと思います。

12 部活やクラスにルールがない

さて、ここまで学校での様々な問題について書いてきましたが、本章最後の三節は、それらの問題に向き合うために欠かせない、部活やクラスといった組織のルールという観点についてです。

たとえば、本章の前半で、「いじめ」などの人間関係のトラブルについて、中学生たちに、相手への疑問や批判を直接本人に言えないという課題があると述べました。

しかし、多くの場合、たんに個人の心がけだけで言いたいことが言えるようにはなりません。クラスや部活といった組織にルールが生きて働いていなければ、克服できない課題でしょう。

これまでに中学生たちが作文に書いたり、話し合いの中で出したりした話題の中で、おそらく最も多いのが、部活動でのトラブルや、文化祭や合唱祭といった学校行事のためのクラス活動でのトラブルです。

彼らは、そのトラブルの原因が、誰か特別に「自己チュー」な人や「問題児」にあると考えがちです。作文にはしばしば、同輩や先輩、級友などの言動が、その個人的な問題として書き連ねられます。

しかし、そもそも、複数の人が共に活動する場合、その中で必ず意見の相違があり、何らかの不満が生まれ、もめるのが当たり前です。実際、事実を中心に客観的に書かせた作文には、書いた生徒本人の意識こそ誰か特定の個人に向けられていても、組織としての問題の様子がリアルに描かれています。

たとえば、ダンス部で、文化祭でのダンスはどんな振付にするのか、舞台でのセンターは誰かといった点についてです。また、クラスでは、合唱祭の準備によく協力する人としない人の温度差の問題などです。

そのときに、ダンスの振付やセンターを決める権限が、いったい誰にどこまであるのか、また、合唱祭でクラスとして「金賞」を取ろうという目標を、なぜ、誰が決めて、また、誰が朝練をすることに決めたのかといったことが、曖昧なのです。誰かがダンスの振付がよくないとか、センターの割り振りが不公平だと思ったり、クラスの活動の負担が大きすぎると思ったりした場合には、話し合って変えることはありなのか、なしなのか、ありなら、その意見は誰にどう出せばいいのかといったことも、誰にも分らない状況です。つまり、複数の人間で活動するにもかかわらず、ルールがほぼありません。

そうしたルールのない部活やクラスの実態は、年齢の上下や押しの強さといった力関係で動く、親分子分関係です。ミーティングやホームルーム外で、声の大きい有力者の非公式な裏取引があったりもします。

つまり、対等に、相手への疑問や批判を直接本人に言うための土台がありません。それでは不満はくすぶるばかりで問題解決のしようもなく、裏で、誰の「性格」がどうだというような陰口を言うしかなくなります。

または、せっかく直接相手と話をしようとしても、組織のルールがないのが問題だという観点が欠けていれば、話を投げかけられた側は、たんに個人攻撃を受けたと感じてしまいがちです。「気まずく」なるだけに終わってしまいます。


そうした学校での状況を受けて、6年前、塾長の中井さんは、組織のルールという観点を示すための教材をつくりました。個人の問題と、組織の運営上の問題は分けて考えるべきだという問題提起であり、組織にはどういったルールが必要であり、そのために生徒たちはどうするべきなのかを記したものです。第三章に、その教材、「部活、サークル、クラスの行事などの問題」を掲載しました。

たとえば部活であれば、いったいその部活は何を目的としているのか、そして、その目的達成のために物事を決めるときには、どういったことについては誰が話し合いに参加できて、その最終決定は誰がどう行うのかといった、意志決定のルールが必要です。顧問や執行部がいつの間にかすべてを秘密裏に決めて、下に位置する部員はそれに従うだけといった現状への代案です。

また、そのルールの運用や実際の活動の中で必ず問題が起こりますから、問題に気付いた人が、こんな問題がある、これに困っているということを出して、オープンに話し合えるようなミーティングが必須です。そういったミーティングが定期的に開かれているのでなければ、問題を出し合うハードルが高すぎて、ルールも形骸化してしまいます。現状は、部活にミーティングがあっても、顧問や先輩が話すことに対して下の者が揃って「はい！」と返事をするだけといったものがほとんどです。問題解決の権利も義務もない、従順な奴隷を育てているかのような光景です。

ルールにおいて、顧問の権限と責任は生徒より重くなるでしょうが、それも含めて明文化され、部員全員に共有されるべきではないでしょうか。そうして、生徒も自分たちで考えて動くことができるようになることを目指すべきだと思います。

13 裏ではなく表で対立できる仕組みを

クラスや部活は仲よく「団結」しなきゃいけない、「協調性」が大切だという考えが、少なからぬ生徒たちの中に当たり前のこととして根付いていますが、そこに問題がないでしょうか。特に体育祭や音楽祭といった学校行事などを通して、その価値観が長年かけて彼らに刷り込まれてきたようです。

現実は、遅くとも小学校高学年以降はクラスも部活も対立だらけですから、とても無理があるように思います。幼少期、親に全面的に頼るしかなく、周りを基本的に信頼しきってすべてと一体だった世界は、彼らにとって遠に終わっています。

対立だらけの現実と、「協調性」の矛盾の中、多くの中学生たちにとって「いい人」とは、本気で自己主張などしない「優しい」人、「傷つけない」人です。当然自分もそうでなければ弾かれそうですから、そうして互いに抑圧し合っているのが、今の学校という場ではないでしょうか。

一般社会には、風潮としての同調圧力はあっても、客観的な問題解決のための法律があり、会社にも役所にもルールがあります。

学校でも、対立を前提とした、問題解決のためのルールが必要ではないでしょうか。中学生を子ども扱いして「団結」や「協調性」を押し付けるのでは、生徒を自立させていくのとは真逆のことが起こり続けるように思います。

昔に比べれば、今の学校には「話し合い」があって一見民主主義的に見えますが、話し合うにもルールが必要です。また、とりあえず話し合っても、「思いやり」や「協調性」といったきれいごとの精神論に終始して、具体的なルールの形にすることがなければ、部活やクラスが、生徒たちが成長していく場になりません。「顧問」や「先輩」の理不尽に耐えることが社会に出たときに役立つというような、古めかしい後ろ向きの言葉が、いまだに生徒の口から飛び出します。

中学生の成長とは、言うまでもなく、上の者の言うことをただおとなしくきくことではなく、自分で考えて行動する力を身に付けていくことです。また、他者との関係で学ぶべきことは、たんに対立を避けるような「協調性」ではなく、民主的な組織のルールの考え方と、それを実現していく能力ではないでしょうか。

思春期の大切な成長のために、「傷つけてはいけない」ではなく、逆に、堂々と対立できるような仕組みが必要です。嫌がらせて傷つけることが目的でないなら、裏ではなく表での批判は歓迎すべきではないでしょうか。それで誰かが傷ついても、だから成長できるのだということを、私たち大人がリスクを引き受けて、子どもたちに示していかなければならないと思います。

また、一般社会のルールがそうであるように、学校でも、必ずしも仲直りをする必要はなく、謝られたからといって必ずしも相手を許す必要もないはずです。

14 自立に向かうためのルール

学校生活の中に明確なルールがない中、生徒たちにとって、問題が解決されないことが当たり前になってしまっていると感じることがよくあります。それは、大きな問題だと思います。

彼らは将来も会社や役所、家庭といった組織の中で生きていきますが、本来、そこで彼ら自身を守るものが法律であり、組織のルールだからです。たとえば、会社でのパワハラや、家庭内の暴力など、問題に直面したときには、法律や組織の規約を武器に、様々な機関や弁護士を頼って必要な働きかけを行い、まずは自分を守らなければなりません。それが社会的にも正しいこと、つまり社会をよくすることです。

また、自分が志す仕事を成し遂げるために、ルールをよりよく変えていかなければならない場合もあるでしょう。家庭運営においても同じです。

学校は、社会に出る前の準備をするためにあるはずですが、そういった教育がなされていないのが現状ではないでしょうか。クラスも部活も、ともすると無法地帯であり、稀に生徒が教師に相談ができた場合に、教師が生徒の誰かを叱るといった形の強制力が働くだけといった状況が、作文に描かれます。

この章の冒頭に書いた、学校での生徒たちの人間関係への不安は、その意味で当然に思われます。不安の根本は、社会の問題や矛盾が、右肩上がりだった経済成長時代以上に深くなっていることでしょうが、それに対応するルールが未発達な現状では、彼らが問題に対処するすべがなく、不安は増幅するばかりではないでしょうか。互いに心を開いてものを言い、関係を築き、また選択していくための後ろ盾がありません。

近年、理不尽な校則が問題にされ始めたのは、よいことではありますが、たいていはまだ、服装や髪形などについてのルールを緩めようという話でしかありません。ほんとうに必要なのは、一般社会の法律やルールがそうであるように、生徒たちが実際に困っている、クラスや部活での問題を解決するための校則ではないでしょうか。今現在の校則は、彼らを縛るためのものでしかありませんが、本来は、彼らが主体的に選択、活動できるように、その学校生活を守り、支えるためのルールでなければならないと思います。

そして、学校が、教師の指導のもと、学校生活全体や、その中のそれぞれの組織にほんとうに必要なルールを、生徒たち自身がつくり、それをよりよく更新していく練習ができる場になるとよいのではないでしょうか。自分たちの問題を自分たちで解決していく力、また、必要なときには他人に相談ができるような力を身に付けていくためのルールです。

組織やルールについての具体的な考え方については、第三章の**「部活、サークル、クラスの行事などの問題」**をご覧ください。

さて、ここまで学校での問題として書いてきましたが、ルールが曖昧で、物事が力関係で動くといったことは、大人社会のあらゆる組織でも多々あります。家庭も同様です。近年私は、組織の目的とルールの観点なしには、仕事でも家庭でも問題の解決ができないと考えるようになりました。問題があれば、まず、それぞれの組織の目的が何なのかを確認し、そして、その目的についてメンバー間に互いの合意があるのかないのか、合意があるなら、その目的達成ためにどういうルールが合意されているのか、そして、そのルールは守られているのかを考えます。また、個々の組織のルールの前提として、私たちの社会全体、つまり国家のルールである法律や憲法があります。

そして、あらゆる組織において、個人がこの社会や組織のルールを守っているなら、それ以外のことで無闇に個人攻撃を受けて、ああだこうだ言われる筋合いはないはずです。もちろん、個人の言動や考え方は問われますが、一定のルールがあってこそ、その話し合いも成り立つのではないでしょうか。これは家庭においても大切なことだと思います。

第五章

中学生たちが抱える問題

家庭編

前章で取り上げた、学校での問題は、「中学生クラス」開設当初から、生徒たちが作文の題材としてよく選ぶ、定番でした。

家庭での問題は、それから5年ほど遅れて取り上げられるようになります。作文がよりリアルに描かれるようになると共に、その題材も、学校よりもう一つ奥の家庭へと分け入ることになったのは、必然だったと思います。子どもは、親からの圧倒的な影響を受けて育ち、学校での出来事も、その影響の一つの現れでしかないとさえ言えるでしょう。

中学生が、自分の現状から一歩前へ進みたいと思ったときに、家庭での問題以上に切実な問題はないのだろうと思います。

作文に現れてくる家庭の問題は、総じて、一言で言えば親子の一体化の問題です。人間の子どもは誕生後、一人では生きていけない年月が長く、親子は必然的に一体化からスタートします。一方で、人間は、必然的に自由や自立を求めます。体じゅうの力を振り絞って泣く赤ん坊が、少しずつ、しかし着々と自分が思うように動けるようになり、泣くことが少なくなっていく姿や、また、思春期になって、逆に足踏みする姿にも、自由や自立への欲求を感じます。

しかし、子どもにそういった欲求はあっても、親子それぞれの自立のなんと難しいことか――中学生たちだけではなく、中井ゼミに参加する大人たちの状況からも、その認識を度々新たにします。第一章に書いたように、私自身も子どもとの一体化につまずいたところから、この十余年の学習と教育活動を行ってきました。また、その途上で、私自身のその親からの自立も大きな課題でしたが、それについては、次の第六章に書きます。

1　教育虐待

成績や勉強を理由とした、親の、子どもへの暴力や暴言の問題に気づいたのは、もう何年も前のことです。女子中学生が、母親から毎日のように「死んじゃいなさい」などと言われ、軽くたたいたり蹴ったりされており、その一場面を控えめながら作文に書いてきました。たたく理由は、学校での英語や数学の日々の小テストの点数でした。

次の学期には、男子中学生が、医者になれという両親の方向付けのもと、さらに手荒い暴力や暴言を受けてきたことも発覚しました。

また、彼がそのことを書いた作文についてクラスで話し合うと、別の二人の男子が、自分も中学受験のときに親にたたかれていたと話したのです。前もって塾の会議で、本人に対しての指導だけでなく、他の生徒のショックへの対応についても丹念に協議し、その授業に臨みましたが、蓋を開けてみると、問題の実態は私たちの想像をはるかに超えていたのです。二人の男子のうちの一人は、「今は妹が中学受験でたたかれているけれど、勉強しないから仕方ない」とも言いました。暴力に苦しみながら、暴力肯定の立場に立っていました。

それまでは、生徒がそういった虐待問題を抱えていたとしても、私にそれに気づくアンテナがありませんでしたが、その後、この問題を抱える生徒に少なからず出会うことになります。

こういった虐待は、十余年前から、学会やメディアで教育虐待と呼ばれるようになりました。教育という名のもとに、学業成績などを理由に、子に体罰や精神的な罰を与える虐待というような意味です。私たちがニュースや新聞で見聞きする乳幼児の虐待が、経済階層の低い家庭でのケースが多いのに対して、教育虐待は、主に経済階層が高い家庭で起こっているようです。

子どもも多少反撃したり、また、学校など別の場で問題が起こるケースもあり、表面的には親子が対立しているように見えても、その内実は、親子の一体化だと思います。本来は、子どもは親の所有物ではなく、親や世間から自立した一個人に育て上げて、社会に送り出すべき存在です。しかし、今の時代、何を目指して、どう育てればよいのか、親も相当に戸惑い、追い詰められているのではないでしょうか。

「君たちが抱える問題の本質と、その対策」の**「Ⅳ⑵虐待」**の欄に、2020年に、法律の上でも、親から子への暴力が禁止されたことも含めて記しました。

教育虐待を受けている生徒たちは、しばしば、彼らが「親に迷惑をかけている」と言います。その言葉のいちばんの意味は、私立の学校や塾の授業料などに「お金をたくさんかけてもらっている」のに成績が上がらないと、彼ら自身を責める思いのようでした。

彼らは時に親に反発しながらも、思春期になっても暴力や暴言によって親に支配され、彼らの中に深く刷り込まれた親の価値観から抜け出すことが特に難しい状態です。問題に踏み込んで親を客観視するよりも、親の価値観の世界で何とか生き延びようというところに戻ろう、戻ろうとするように見えます。その矛盾が、頭痛や腹痛、チック、息が苦しい、目がチカチカするなどの体調不良として現れ、リストカットやオーバードーズなどの自傷も起こります。

また、家庭での虐待が深刻な場合、その生徒の学校での人間関係も、特に対等なものになりにくい傾向があるように思いました。それは生徒にとって特に厳しい状況でした。

一塾として、また一市民としてこの問題に対して何ができるのか、何をすべきなのか悩ましく、専門家にも相談してきました。

暴力や暴言の状況や緊急度に応じて、また、それが作文で表明されるのか授業外での相談なのか、自覚的なのか偶発的なSOSなのかなどによっても、様々な対応をしました。児童相談所に通報したケースも、親と話し合ったケースもありました。

生徒に対しては、よく話を聞いて、まず、事実関係を言葉にすることで本人もできるだけ客観的な理解ができるように促し、また、社会的にそれが虐待という、法律で禁止されていることだという事実を示します。

そして、必要な対応を覚悟のうえで、生徒がその問題についてどう思うのか、私たちなど大人に何をしてほしいと望むのか、その彼ら自身の意志をつくっていくことを支えたいと考えてきました。生徒が通報してほしくないと言ったら通報しないというような意味ではありません。生徒がその思いや考えを言葉にしてていねいに考えていくことを大切に考え、その中で本人の意志の確認を求めてきました。私たちの判断でどういう対応をした場合も、虐待によって特に親との一体化が強い本人に、問題を解決したいという意志が弱ければ、解決は望めないだろうと思われるからです。逆に言えば、思春期の彼らだから、親や問題をある程度客観視し、自分の意志をつくっていける可能性があると考えています。

2 中学受験って何だったのか

作文の目的の第一は、生徒が自分自身への理解を深めることですから、生徒本人にとってできるだけ切実な経験を書くことが肝要です。すると、入塾したばかりの生徒が、中学受験が十年余りの人生で最も切実だったと言って、その経験を書くことがあります。

そのとき多くの生徒が、「不合格」の原因は、自分の勉強不足だったという反省を書いてきました。

しかし、しばらく通っていると、受験の時期に学校で「いじめ」や大きな喧嘩があったとか、塾で級友にカンニングを疑われた、また、親に模試の結果で何度も叱られた等々の、彼らの当時の生活が見えてきます。親の暴力、つまり教育虐待も中学受験期によく起こっており、塾のテキストを投げつけられたなどという間接的暴力も含めれば、相当な割合の家庭での問題になってきているようです。受験を途中でやめたいと思っても、「親にもうたくさんお金を払ってきてもらったから言えなかった」と一人の生徒が話すと、うなずいて共感する生徒が複数いました。

中学受験までの生活は、なんといっても親の意志で、親が主導してきたものです。小学生が塾に通い始める時点で、中学受験をするということがどういうことなのかは、子どもには理解できはずがないのだということは、私自身が母親として実感しました。始めたらその後の生活がどういうことになるのかということについても同じでしょう。最近は、放課後や休日に友だちと遊んだことがほとんどないという生徒も、さほど珍しくなくなりました。

また、中学受験は、子どもが思春期に入る小学5年生頃、つまり親離れの芽が出始める頃に、逆に親が管理を強めることになるという皮肉な構造があります。そういう時期の子どもの家庭での勉強を、親が見るという家庭も珍しくないようですから、修羅場になるのは必然に思われます。

小学校や塾での人間関係に悩む子どもたちも、思春期ですから少なくありません。そんな中、テストのたびに、偏差値や塾のクラス分けにびくびくしたりと、子どもたちはたいへんなストレスの4年、5年、または6年を生きてきました。

そうした親主導の長年にわたる全生活の一つの結果としての「不合格」が、本人の勉強不足がその原因だというのは、問題のあまりの矮小化に思われます。

また、受験の結果について、第一志望校でなくてもいい、また、志望校に合格しなくてもいいというのが、たいていの親のスタンスです。子どももそう考えようとします。

とはいえ、偏差値という、他人との比較を第一の基準として長年走ってきた挙句に、急にそうして梯子を外されても、子どもは決して安心しません。大学受験で、または高校受験で「リベンジする！」が、多くの生徒の悲壮な決意です。

作文や話し合いの中で自分の思いを言葉にできるようになったり、成績以外の様々な問題に目を向けられるようになると、強い劣等感にさいなまれて独りで自分を責めていた状態から、その硬直が少しずつ和いでいくようです。

ただし、子どもが心の底から救われて、次へ踏み出せるようになるには、親の、塾と共にした偏差値一辺倒の価値観が多少とも更新されるときではないかと思います。「不合格」だったことではなく、中学受験とは何だったのか、その全体を、親と子がどう理解するのかということが大切だと感じています。

なお、実は、近年は、生徒が中学受験について作文を書いても、「勉強不足」の反省を書くことは、ほとんどなくなりました。むしろ、受験期の家庭での苦しい経験を書いたり、中学に入っても、また偏差値や順位に追われる生活になっていることへの疑問を書いたりします。

リアルに問題を見られることは、彼らの成長のために喜ばしいことですが、一方で、中学受験期の問題が、もう子どもの目にも誤魔化しようがないほど明らかになり、それだけ親子共にさらに追い詰められているのではないかと懸念もします。

中学受験だけではなく、小学校受験をふり返って、その生徒の目に今も焼き付いている、十年も前の入学試験や塾などの光景と共に、作文を書いてくる生徒も何人かありました。

これら、受験のことについて、**「君たちが抱える問題の本質と、その対策」**には、**「Ⅳ⑶小学校受験や中学受験」**の欄に記しました。

3 「空白」を埋めるスマホ

一昨年の夏期講習で、生徒たちにとっての中学受験の意味をさらに思い知るような出来事がありました。小3から塾に通い始めて、小6で中学受験が終わったときに、「ただあっけなくて、達成感も解放感も無かった」と一人の生徒が話したときに、他の生徒からどれだけの共感が集まったことか——私がそれまでは知らなかった、彼らの生な思いでした。受験勉強は嫌でたまらなかったし、講習で連日缶詰にされることもなくなったのはよかったけれど、「やることねーと思って、ぼけーっとして、さびしいっていうか、空白だった」というような声が次々にあがったのです。毎週試験を受け、学校別模試も受けてきていたから、「本番もその延長で、気付いたら終わってた」という声もありました。

息子や娘の中学受験から実に20年も経った今、彼らの場合が実際にどうだったかは、もうよくわかりませんが、中高生の頃の彼らの様子から、私には思いあたることがあるように感じました。

たしかに、子どもの幼少期に、子ども自身の意志ではなく、親の意志で子が動くことは、それ自体は必要な面があり、子の宿命のようなものです。

しかし、小学生の彼らの生活に「空白」がなくなるほどの年月が、本人たちにとってどういう日々だったのか、また、その生活全体の根拠が自分の意志や選択ではないときに、それが彼らにとってどれだけ実感のない、空虚なものなのか――それは、私たち大人が知っていなければならないことだと思いました。

「やっと受験が終わって久々に友達と遊んでも、やることなくて楽しくなかった」と言った生徒もいました。その生徒にとって「やること」とは、「楽しい」とはどのようなことなのか、今もまだ心に引っかかったままの問いです。

以下、その日の授業の最後に生徒が書いた感想を、二つ紹介します。彼ら自身のことをよく見つめていると思います。

「受験が終わったときに、達成感よりも、目標がなくなった不安の方が大きかった。終わった後の心の空白がなんとなくさびしい」

「受験は、楽しくておもしろいわけではない。でも、ある一つのことに熱中できるのはものすごく気持ちがいい。また、そのこと以外を考えなくていいから、気疲れもしない。…たぶん私は、受験しかやることがなかったら、また勉強すると思います」

彼らは中学生になった今も、受験という目標のなくなった、その「空白」を埋めるようにして生きている面があるのかもしれません。たいしておもしろくもなさそうにスマホの画面を見ている彼らにとって、スマホはその「空白」をとりあえず埋めるための一つの道具のように思われます。中には、中学受験が終わったら、今度は大学受験のために塾に通い詰める生徒もいますが、それもたんに親にそうさせられているのではないでしょう。

ただし、その「空白」は、中学受験をしたから現れたのではなく、少なくとも潜在的には思春期の全員に生まれてくるものです。それがどこまで意識されるのかは様々ですが、親に与えられた目標では、ついにもう走れなくなり、しかし、自分自身の目標は、実はまだ何もないんだという「空白」です。その落差が、中学受験をした場合は、突然に大きく現れるという違いがあるだけでしょう。

親から与えられてきた人生を、子どもが自分のものとしてとらえ直し、自分の人生として生き始めることができるかどうかが、思春期に問われます。そこに現れる「空白」は、かんたんには埋めることのできない、大切なものです。

自分自身の目標がまだないから、その達成のための手段である勉強もあまり本気にはなれません。かといってスマホをいじっていても、それもどこか虚しいようです。多くの彼らの生活は、まだそうした、勉強かスマホかの二択になっているようです。

自分が何に興味関心や疑問があって、その芽をどう育て、どう自分をつくっていくのかということが、かんたんには彼らの意識や生活の中心にはなりません。自分で自分をつくっていくという、そのほんとうの目的に向かうことが難しいから、スマホに手が伸びます。

教室での生徒のスマホ使用について、私も試行錯誤中です。

なお、次節でも続けてスマホ問題を論じます。

4 学びたいテーマを持つという自立

塾の保護者会でよく出されるのも、子どものスマホの使い過ぎや、子どもが「動画を見続ける」といった悩みです。「時間管理」や「優先順位」を教えようとしても、「没収」しても、その効果は乏しいようです。また、親や学校がスマホを管理さえできたら子どもが主体的に勉強するのかといえば、そういうわけでもないという曲者です。

子どもに手間暇かける余裕などなかった、かつての生産力の低い時代が、戦後の経済成長に伴って一転し、それ以降、学校においても家庭においても子どもへの管理は徐々に強くなってきました。そして、さらに今なお、その側面はおおむねどんどん強まっているように見えます。たとえば、中学生の子どもが、どの宿題や勉強をしたのか、していないのかといったことを親が大なり小なり把握しているというケースが、私が知る生徒には少なからずあります。

子どもたちへの管理の非常に強い、その状況の最中に、管理するにしきれないような、このスマホ問題が現れたのは、なんというう皮肉でしょう。学校でも、家庭でも、子どもをたんに管理するのでもなく、「自由にさせています」というう放任でもなく、自立させるように教育するというう次のレベルが求められる時代になったということではないでしょうか。それが、子どものスマホが難題である意味ではないかと思います。

生徒たちの多くに、将来自分は何をやりたいのかまだわからないといった不安があります。学校での担任との面談で、高校一年や二年での文理選択を控えて、どの方面に進みたいのか考えておきなさいと言われて戸惑う生徒もいます。医者になるというような「夢が決まっている」生徒と自分を比べて焦ったりもするようです。

しかし、10代もまだ前半の彼らが、大学で何を勉強したいのか、ましてやどんな職業に就きたいのかなどということが決められないのは当然のことであり、だから勉強しているのだと思います。医者志望の中学生にも、自分自身のそのたしかな根拠や、医者になってどういう問題に取り組みたいのかといった問題意識はたいてい希薄です。ある職業に就くというう、20代で叶ったり叶わなかったりするような「夢」が、果たしてほんとうに夢でしょうか。

大学進学に向けてのいちばんの問題は、高校を卒業した後さらに勉強していく、その目的自体をつくっていくという課題に、生徒たちがなかなか取り組めないということだと思います。習ったことをどれだけ覚えられたかが問われる試験に追われ、他人とのその比較に囚われていては堂々巡りです。自分はどういうことに興味関心があって、大学でどんな問題やテーマについて勉強したいのかという、自分自身の目的をつくっていくという課題を明確に意識し、取り組んでいくべきではないでしょうか。

たんに何かの手段としての勉強をするのではなく、勉強の目的をつくっていくための勉強ができるようになることが、彼らのスマホ問題の根本的な解決だと思います。

そして、大学進学の際に、小学校や中学、高校受験とは異なり、子ども自身が、何を勉強したいから大学に行くのか、その具体的な目的を持って臨むことが、彼らの自立の最初のステップになるのではないでしょうか。

その目的は、大学入学以降何らかの形で変わっていくでしょうが、自分でつくった目的だからこそ、自分の責任でそれを新たにつくり直せます。そうしてつねに自分で学び直していくことが、彼らが自分の人生を生きていくことを支えるのではないでしょうか。

5 「母が絶対権力」

「うちでは母が絶対権力だ」と作文に書く生徒がいて、また、その作文の話し合いのときには、「うちも同じ」という声が、他の生徒たちからも上がります。子どもの教育方針について、小学校や中学受験をさせるかどうか、どこの塾に通わせるかといったことについて母親が決めているとのこと。家庭の外でも働く母親はどんどん増えていても、いまだに子どもの教育は母親の担当という流儀の家庭は少なくないようです。

生徒が書く作文に父親は滅多に登場せず、その影がおおむねたいへん薄いのです。

たしかに、最近は、子どもの教育に関しては父親が決めるという家庭もちらほら出てきました。また、塾の説明会や保護者会にも、ある割合父親が参加されます。

しかし、問題は、主導するのが母なのか父なのかということではなく、両者がよく話し合うのが難しい場合が多いということではないでしょうか。何かを決めるときには、実質的に、その事柄の種類によって夫婦のどちらかが主導して最終決定するものでしょうが、話し合ったうえで決めているのではないというのが「絶対権力」の意味のようです。その本質は、好き好んで夫婦のどちらかが独裁しているのではなく、話し合えないということの結果でしょうか。

母親による教育虐待がある場合でさえ、または、間接的暴力があっても、父親は結局黙認しています。逆の場合も同様です。この場合に限らず、夫婦間の小競り合いはあっても、どこか根本的なところで一致しているから話し合えないとも言えるでしょうか。


第一章に書いたように、私も、子どもの思春期の頃、夫とあまり話し合えませんでした。考えてみれば、私の親の世代も、そのまた親の世代も、少なくともこの国の家庭の歴史の中で、ほんとうに大切なことについて夫婦でよく話し合うということは、いったいどれほどの家庭で実現されてきたのでしょうか。もし、私たちの多くがそれを実現できたなら、社会は、そういうことで大きく変わっていくのかもしれません。

しかし、そもそも何をどう話し合うことが、よく話し合えたということなのでしょう。ほんとうに大切なことについて話し合うといっても、その大切なことが何なのかということが、私たちの意見の相違の大元でしょう。

また、毎日顔を突き合わせる家の中で面倒なことはしたくない、ぶつかって嫌な思いをするくらいなら我慢するほうがいいと思ってしまいます。そのうえ、長い年月をかけて日々踏み固められ、煮詰まってしまった家族関係の中で、いったい何ができるのか、何をどう話し合えるのか——これが問題です。

とはいえ、親どうしが率直に話し合い、どういう形にしろ問題を解決しなければ、子どもへの責任は果たせないでしょう。子どもの立場では、大人の問題をどうすることもできません。

子どもを育てるということは、親自身の人生を、その始めから「復習」しながら再創造していくような過程ではないでしょうか。そして、子どもの思春期は、子育ての終わりの始まりです。それまで考えてきたことやしてきたことの成果も課題も、よく見える形で現れる、それまでの総決算です。

特に子どもが無難に思春期をやり過ごせなかったり、何らかの問題が起こって揺さぶりがかけられるようなときに、夫婦が一つ前へ進む可能性があるのかもしれません。もちろん、子育て後も親子関係は続きますが、たんに家族の一員としてだけではなく、一個人として何を目的にどう生きていきたいのかということが、当時の私にとっては、その答えを出さないわけにはいかない問題となりました。

6 兄弟や親の問題

弟に包丁を向けられた経験を、作文に書いた生徒もいました。親は、その生徒の弟の不登校を心配し、腫れ物にさわるような思いで接しているようでした。兄である彼は、常に我慢を強いられると感じており、自分は「置物」のようだと言いました。寂しくて、しかし彼には、弟の不登校を何とかしたいという親の必死の思いや不安も手に取るようにわかります。彼も学校に行きたくないけれど、自分は学校に行くことで彼の家庭を支えるしかないと考えていました。彼自身のために生きるということが、とても難しい様子でした。

兄弟の知的障害や「発達障害」に関しても、多大な我慢や寂しい思い、また、その兄弟の分まで頑張れという過剰な期待を背負うことが、多々あります。病気や障害のある兄弟を持つ子ども、「きょうだい児」の抱える問題です。

また、両親の関係に悩む生徒も少なくありません。

しかし、兄弟の問題も、親の問題も、家庭の責任者であり、大人である親にしか解決できません。

子どもの立場ではとうてい何もできないことは、子どもたちがそう割り切ることが難しいからこそ、小冊子**「君たちが抱える問題の本質と、その対策」**の**「Ⅳ⑷両親の関係」「⑸兄弟の問題」**に、書くだけは書いておかなければならないと考えました。

また、家庭の問題は家庭の恥だ、家庭の外に出すなという有形無形の圧力が、親から子にかけられることが少なくありません。しかし、そうして閉じ込められては、子どもはその問題についてよく知ることも、考えることもできず、追い詰められるばかりです。小冊子には、ぜひ外に相談するようにということと、またそのための相談先を、まずはともかく知る限り記しました。

子どもは、家族のためではなく、自分自身の自立のために生きられるように、私も大人の一人として後押ししたいと考えています。また、すでにそういう活動をしている方がたくさんおられますから、生徒が信頼できる大人に一人でも出会えるようにと願っています。

7 子どもの権利の代行という親の役割

教育関係のある研究会で、地方の公立小学校で担任の指導を苦に生徒が自殺したという件について、弁護士から話を聞いたことがあります。小学校高学年だった生徒の両親が、学校の設置者である自治体を相手取って起こした裁判で、その弁護士は両親の側に立ちました。

その話の中で疑問に思ったことがありました。クラスの他の生徒たちも、その担任の指導を恐れ、苦しんでいたとのことでしたが、その自殺が起きてしまうまで、保護者が誰一人学校に相談していなかった点です。「小さな田舎町ですから」と弁護士は説明しましたが、保護者たちが一切声を上げずにおいて、後になって学校だけの責任を問えるでしょうか。クラスの保護者の方たちは、その後どれほど悔いておられることか、想像も及ばないだろうと思いました。

そのことが特に心にひっかかったのは、生徒が学校で「いじめ」られていても、親がなかなか学校に相談しないケースに、これまで何度も出会ってきたからです。中には、日常的に金品をたかられる恐喝や、暴力を受けているケースさえありました。また、クラスに学級崩壊などの問題がある場合も、自分の子どもに特別な被害が及ぶまでは、親が関わらないことが多いようです。

研究会での話を聞いて、「モンスターペアレント」ということが問題になる一方で、学校への疑問や批判には蓋をして、そっと付き合っている親は、私が塾を通して出会ってきた、首都圏の特定の階層の親たちだけではないのだと知りました。

しかし、親が関わることなく、子どもだけの力で学校での問題を解決できないような状況は多々あります。作文は、そういった問題の大博覧会です。

そもそも、生徒たちには、学校側に解決を求める権利があり、求めるべきだということを教えなければならないと考えてきました。前章の最後に書いた、組織の問題でもあるからです。

さらに、解決を求めるにしても、子どもは学校側と対等ではないため、おのずからそこに限界があります。学校側と対等なのは、同じ大人である親です。そして、未成年者の法的権利は親が代行することが、法律で定められています。また、子どもが様々な事情で親に相談できない場合もあり、その親の役割の代わりを、社会が、つまり他の大人が果たさなければなりません。

小冊子**「君たちが抱える問題の本質と、その対策」**の**「Ⅱ　問題解決のための前提」**に、**「⑵大人への相談」**という項目を設け、相談先も記しました。

また、生徒も保護者も学校に相談がしにくいのが現状ですから、学校に、生徒や保護者からの相談窓口を用意してほしいと思います。２０１３年に施行された「いじめ防止対策推進法」では、「いじめ」の相談のための窓口と、解決のための委員会の設置、そして、そのことを生徒と保護者に周知することが、各学校に義務付けられました。しかし、塾の中で調べた限りのことですが、その窓口や委員会の存在を知っている生徒や保護者は、学校が公立か私立を問わず、今現在も極少ない状況です。

8 親子それぞれの自立

家庭での問題に関する本章は、ここまで主に親の側の課題について述べてきましたが、さいごに、親子双方のそれぞれの自立について記します。

第四章に、中学生たちが、学校で相手に言いたいことが言えないと書きましたが、家庭でも、親に対してほんとうに言いたい肝心なことが言えないという生徒が少なくありません。

ただし、家庭でのその状況は、学校で、異なる家庭の、異なる価値観のもとで育った者どうしが、トラブルを恐れて、まるで考えが異ならないかのように装う状況とはまるでちがいます。親子の場合は、考え方の大枠が共通しているために、根本的に異なる意見のぶつかるような対話が成立しないような状況です。

たとえば、子どもが通っている塾をやめたいと思ったときに、親にそのことを何度か話してはいても、決定的なことは言えないということがあります。何が決定的なのかが言葉にならないということでもあるでしょう。しかし、本質的には、親と同じ価値観を共有している彼ら自身に踏み込んで、自分で責任を取ろうとするよりは、親が強く出るなら、結局その判断に委ねてしまうというようなことではないでしょうか。

一方で、塾を続けるのかやめるのかは、親にはっきりとものが言えて、彼ら本人の意志次第だという生徒ももちろんいますが、幼児期からのピアノやバレエなどの習い事となると、そうかんたんな話でもなくなります。あまりやる気になれないけれど、やめてしまうのも後悔しそうで恐いといった場合に、作文の題材になることがあります。彼らの場合は、本人が芸術分野のプロになりたいのでも、親がそれを望んでいるのでもありません。

やる気がないにしても、その作文の中に、発表会やコンクールで誰の何の曲を弾いたのか、誰のどの演目を踊ったのかという、その曲名や演目名が記されないのには毎回割り切れない思いがします。勉強の成績とは異なり、音楽や舞踊という芸術は、それ自体が目的のはずですが、曲や演目への思いは語られず、ミスなくやれたとか、何位になった、なれなかったという相対的な話ばかりになるのです。

どの音楽家や舞踊家に一目置いていて、その人のように弾けたり踊ったりできるようになりたいのかと訊いてみても、どの生徒も、考えてみたこともないといった様子です。与えられるコンクールなどをなんとかこなして、よい成績は取りたいといったところのようです。

コンクールに出たくないというような愚痴を親にこぼしたりもするのですが、その会話文も、どれが親子どちらのセリフなのかも判別しにくいような、親子一体化の様相です。

彼らの作文やその話し合いから浮かび上がるのは、親が子に、何か一つ他人より優れた特技や取り柄を持たせたいという気持ちが大きく働いての、幼児期からの早期教育だということです。それから10年が経って中学生になった今も、その始まりにあった、子どもを守りたいという親の思惑の中に、彼らが戸惑いながらも留まっている様子です。それが彼らを守ることにはなっていなくても、親に手をかけてもらったほど、お金をかけてもらったほど、自分の意志でその次へ踏み出すことが相当難しいようです。

家庭での、この親子の自然のままの一体化も、学校での、逆に異なる者どうしの偽りの一体化と同様に、中学生たちが自立していくことの妨げになっているのではないでしょうか。

以上のような親子が渾然一体となった馴れ合いの関係が、私が出会う中学生たちの家庭には多いように思われますが、中には、子どもが親にぽんぽん言いたいことを言って反抗したり、かと思えば口をきかなくなったりもする生徒も、もちろんいます。子どもにとっては、親に代表される、この問題だらけの社会や学校への、思春期特有の違和感やイライラ感があるのでしょう。まだ無自覚ではあっても、成長へのエネルギーです。

ところが、そういった生徒に、親や学校に対する根本的な疑問や批判は、ほとんどまだないということが珍しくありません。

たとえば、親子関係が険悪になっている背景に、受験や教育を巡って親子や夫婦間にそれ相応の長年の軋轢があるように思われても、本人にその自覚は弱いのです。まるで塾評論家のように塾や講師を評定したりと、なんとかおもしろおかしく長年の受験生活を乗り切ってはいても、その中で疲れ切ってもいるでしょう。だから、思春期という総決算のときに、蓄積してきた問題が爆発しているように思われます。しかし、子どもがそれだけ強く親に反発していても、親の方針を疑うことは、大枠その方針の中でなんとか頑張ってきた自分を全否定するかのような恐れが、どこかあるのでしょう。おいそれとは動けないのです。

子どもはどこか苦しいから親に反発するわけですが、親の子どもへの関与が大きいほど、子どもはその価値観の中にどっぷり浸かって生きてきて、その親子の一体化から自立していくことが極めて難しいのです。だから、じたばたと反発します。子どもがまだ親と同じ価値観しか持たない、いわば親の「コピー」のまま、同じ土俵で競り合うので、衝突が激しくなります。

親はへとへとです。

しかし、そういった矛盾により苦しんでいるのは、まだ何らたしかなものを持たず、思春期の嵐の中で戸惑っている子どもたち本人ではないでしょうか。そして、それだけ苦しいからこそ、彼らのそれまでの経験をよく見つめ直し、親を相対化し、親とは別の彼ら自身の価値観をつくって自立していく可能性があるのだと思います。

生徒たちには、思春期に親に対して疑問を持ち、反発するのは彼らの成長のあかしではあるけれど、だからといって、親に反発したり甘えたりというところにいつまでも留まっていていいということではないとの考えを示しています。

子どもが親に反発するのも、言いたいことを言えないのも、親子の一体化が根本です。親子が互いを尊重し合えるような、対等な別人格となっていくことが目指すべきところではないでしょうか。

その子どもの自立のために、親には子離れが必要です。子どもの思春期に、親は親であらためて自分の人生を追求し、夫婦関係については責任を取るしかありません。子どもが自分の人生を生き始められるかどうかというときに、親は、もう10年も待たずに子どもとまったく対等となる一人の大人としての存在を問われるのだと思います。

生徒たちには、親が子どもを大切に思うその思いや、親の価値観が、長年かけて骨の髄まで十分に染み渡っています。親の想像以上に、子どもは親が自分に何を望んでいるのかよくわかっています。

ただし、子どもには社会経験がなく、学校社会しか知りませんので、親がたんに勉強の成績がよくなることを望んでいるというような狭い理解になりがちです。今は、各定期テストの各教科の点数まで、学校から親に報告があるような状況ですから、親子の会話も成績の話が多くなりやすいのかもしれません。もちろん親は成績も求めるわけですが、今の時代の現実の問題に社会で日々直面している親から見て、中学生の子どもがたんに勉強でよい成績を取っていれば、今後よい人生を歩んでいけるとは思えないのではないでしょうか。

親が思春期の子どもに対してできることは、自分はこう生きてきて、今こう生きているという具体的な社会経験とその思いを語ることだと思います。子どもの側にそれを聞こうという意志のあるときに、親自身の失敗や挫折も含めて、本音でリアルに仕事と人生を語ってもらいたいと考えています。

親が子どもにこう生きてほしいという思いを持つのは当然です。もちろん、最終決定については、本人が決めて本人が責任をとるしかありません。しかし、本人が自分で決めるためにこそ、親の全人生を根拠に、親の思いのほんとうのところを子どもに語ってもらいたいと思います。彼らは自分はどう生きていけばよいのかという重い課題を抱え、また、子どもながらに学校社会での問題や矛盾にも直面していますから、本気の語りは彼らに届きます。

9 子育て後の第二の人生

さて、息子や娘が思春期の頃、自分はこう生きてきたと子どもたちに語れることがなかった私自身のことを書いて、この章を終わります。

中学生クラスを始めて数年経った頃から、生徒たちが次々に作文に書いたり、授業で語ったりした、彼らが抱える様々な問題を前にして、当初私は驚きました。一見何不自由ない家庭の子どもたちがどれほどの問題を抱えていることか、想像もしていませんでした。

しかし、そうして私が驚いたのは、その5年、10年前、息子や娘が中高生だった頃に彼らが抱えていた課題を、私がまったく理解できていなかったということだと思います。それは、本書に書いたような、思春期の子どもたちの抱える具体的な問題の内容を、親が必ずしもすべて知っていなければならないという意味ではありません。息子たちの当時の悩みの核心である、この先自分はどう生きていけばよいのかという思春期の問いを、当時、私は実感をもって受けとめることができなかったのだと、今は考えています。

なぜその実感を持てなかったのかといえば、私自身が、自分の人生をどう生きるのかという、自分自身の課題に取り組めていなかったからです。息子が小学校に、娘が幼稚園に上がるなり、主婦業以外にも仕事を求めて動き始めましたが、本気でやりたいものが見当たらないまま、子どもたちが思春期になっても、母親という立場に寄りかかって生きていたと思います。

そこに、子育てを一手に引き受けてきた主婦、女性としての特有のハンデの面はあるでしょう。しかし、女も男も、また、社会で働いていてもいなくても、長年ひとかたならぬ思いを傾けてきた子育てがいつか終わる点については、誰も同じです。そのとき私の場合は、子育てとは別の、一個人として自分の人生をかけて果たしたい目的が、私にはないという「空白」に直面しました。息子や娘が思春期になり、私の子育てが終わろうというときでした。私自身について彼らにそのとき語れることがないなら、語れるように生きようという道を、そこで選んだのだと思います。

私にとって子育て後の第二の人生は、学び直し、生き直すチャンスです。

第六章

経済成長と「家父長制」の次へ

――親の、その親からの自立――

私は、自分が親として、思春期の子どもたちとの関係につまずいたことをきっかけに、これまで書いたことを経験してきました。しかし、実はその背景に、私自身が子としての、私の親との関係にも問題があったことに、その途上で気づきました。やはり、「親子それぞれの自立」の問題です。

近年、生徒たちの作文にも、生徒と親の関係だけではなく、親とその親（生徒の祖父母）との関係が複雑に絡み合った問題が登場するようになりました。経済成長時代を生きた祖父母に経済力がある場合に、この問題が顕著になりがちなようです。

そのとき子どもたちは、親からの自立の問題を、いわば二重に背負います。つまり、彼ら自身の親からの自立の上に、親のその親（祖父母）からの自立という二重です。子の自立の難しさが、二倍、三倍になります。

また、そのことは、学校も家庭も、いまだに生徒たちの祖父母や、またその前の世代が支えた経済成長の時代の価値観から、大きくは変わっていないように見えることと、つながっているように思います。「多様性」や「個性」とは言いながら、上の者におとなしく従うことがよしとされ、それぞれの子どもが、いったいどこを目指して何をしたいのかという主体性が、主体的に第一にはされていません。

つまり、親やその時代の価値観の中で育った私たちが、その価値観をほんとうに超えて自立することがとても難しく、その総和として、私たちの社会が次なる目標を定められていないのではないでしょうか。

今の日本がすでに先進国である以上、量的に大きな経済成長が見込めないことは、誰にも薄々わかっていることだからこそ、子どもたちは、その中で何とか生き残れと発破をかけられているのではないかと思います。

しかし、もうとっくに終わってしまった経済成長時代の価値観が、彼らがこの後を生きていく指針になるでしょうか。流行りの「多様性」や「個性」では、その代案にはなり得ないことも、大人も子どもも直観しているように思います。

その矛盾が、子どもたちを含めた私たちの息苦しさの根っこではないでしょうか。

私自身は、恥ずかしながら、親からの自立に、50代になってからやっと自覚的に取り組みました。父とよく話ができるようになったのは、私が自分自身や現実に向き合うようになった、50代になってからでした。

1 父との関係の節目

父は、1929年、世界恐慌の年に、愛媛県の今治市で農家の長男として生まれました。6人兄弟の4番目、姉が3人、弟と妹が1人ずつという兄弟構成です。特に戦前は、長男が実家やその家業を継ぐのが通例でしたが、祖父は、父が実家を離れて生きていくことを認めました。父が通っていた小学校の教師が祖父を訪ねてきて、父に高等教育を受けさせるようにと勧めたことが、そのきっかけでした。

戦争中に、今治中学から旧制松山高校へと進んだ父は、食糧難に困窮しながらも、こんなに自由な世界があったのかと、たいへんな驚きと喜びを感じたそうです。エリート男子の養成を担ってきた旧制高校は、敗戦後、GHQの民主化政策により廃止されます。父はその最後の卒業生でした。

そして、敗戦後の日本に必要なのは高度な科学技術だとの判断のもと、東京工業大学に進んで化学を学び、化学メーカーに勤めます。大卒の初任給が、月1万円の時代でした。高度経済成長期のど真ん中を、ちょうどこの国の一人当たりのGDPの伸びがついに頭打ちする1995年まで、仕事をしました。

そうして父が自分の意志と選択で人生を切り拓いていく出発点となった、遠い昔のその日のことを、父からの手紙で詳しく知ったのは、父の退職後もしばらく経ってからでした。私が息子たちの思春期に戸惑っていた頃、父自身の進路決定について、また、親の役割についての父の考えを、私と夫に参考までに伝えたいという手紙でした。以下、父の手紙からの引用です。

「今治中学の二年生頃と思うが、夕食が終わったとき、いつになく厳しい声で自分と弟が呼ばれ、父親から『今日は大切な話をするのでよく聞け』と言われ、『巌は長男だが勉強して身を立てよ。家督は次男の保雄に継がせる』とのことだった。母親は父の少し後ろで、分かったね、というような顔をしていたが、その時の父親の信念に満ちた顔には威厳のような強いものを感じ、二人で『はい』と言うのが精一杯であったのを今でも覚えている。まだ十五、六歳の子供心に、そうか、俺にはもう帰る所が無いのか、ならば絶対に、失敗して親の期待に背いてはいけない、村の人々に顔向けできないようなことはできないぞと思い、それ以後村の氏神様の境内から砂をもらって胸にしまい、退職後まで持ち歩いた」

祖父のその決断があったから、父は村を離れ、父が生きた人生を、生きました。その始まりは、家長である祖父の判断だったのです。

また、中学で試験の結果が出る日には、同じ村から進学した上級生が必ず道角で待ち伏せしていて、「成績、見せろ」と来たそうです。同じ村の後輩の面倒は見ようという仲間意識であり、また、悪い成績なんて取ったら許さないぞという警告だったようです。

父は、幸運なチャンスを得て、家制度の枠から解放され、しかし同時に、その始まりに、祖父母や家、また、村や氏神様に対して、私の想像の及ばないような形の意識や覚悟があったのです。最近になって、私は、戦争中に出征する人が神社の砂を一つかみお守りとして持っていくことがあったことを知りました。

エンジニアとして、アメリカのイーストマン・コダック社からの技術導入に始まり、最後は中国やドイツとの合弁事業に携わるという、親とはまるで異なる時代の異なる世界に生きながら、しかし、氏神様の砂は紙に包まれて、たしかに父の背広のポケットにいつも入っていました。

そして、父も、祖父と同様に、私たち家族において「家長」の意識でした。10年程前から、私たち家族の問題について両親と何度か話し合う機会があり、父や母がどんな考え方で生きてきたのかを、そのときようやく、よく知ることができました。

父は単身赴任も長年にわたり、家庭のことは母に任せきりでしたが、しかし、大事なところと思えば父が判断し、父が家族の全責任を負おうという意識でした。そして、家族に関する父の具体的な判断について、なぜ父はそう考えるのか、何があったからなのかなどと尋ねても、父がそれは話さないと決めたことは、一切話してもらえませんでした。具体的な事実や、判断までのプロセスは、父だけが知っていればいいという考えです。

父の考え方全体の中の、そういったいわば家父長制的な面には、私は反対でした。家族であっても、自分の責任は、自分、個人でしか取れません。それぞれがそれぞれの判断をして、その責任を取れるように、事実はできる限りオープンにして、家族のみんなで共有するのがほんとうだと思います。

しかし、その一方で、父が父自身の軸を持ち、その責任の意識のたしかであることが、私の心に強く残りました。言わないと決めたことは言わない、私の意見について、なぜそう考えるのかと理由を訊いて、その一部を認めたり取り入れたりしても、認めないところは認めず、そうして父が決めたことの結果について、父の責任を忘れることはありませんでした。

父がそうして真剣に生きて、自分の考えに殉じたことを引き継ぎ、そして、それでも父が答えを出せなかったことについて、私はその父の続きを、父の次を生きようと、そのとき思い定めました。父と対立もしながら、そこまで話ができて父への理解が深まったから、50代にもなってからというのはおかしな話ですが、両親との関係によい意味で一区切りがつきました。

2 親子関係の意味

かつては、親から独立したら、それを区切りに自分の人生を生きていくという、単純な親子関係をイメージしていました。

37年前の私の結婚式の前夜、父は私に、父たち夫婦を超えなさいと言いました。当時父は単身赴任のために東京で暮らしており、大阪の実家から上京した母と妹と、外に食事に行ったときのことです。また、父はその後も何かの折には、私は私の家庭のことをしっかりやりなさいと言いました。父自身が、故郷を離れて、そうして自分の人生を生きてきたのであり、私も自分のものを築いていけばいいと、信頼して手放してくれたように感じ、私は父のそういう言葉に支えられました。

ただし、私と両親との関係は、父や母の、その親たちとの関係とはやや異なったものになりました。

父の人生や仕事の原点は、戦中戦後の空腹であり、親兄弟の苦しい生活だったと思います。また、学徒動員の工場から見た、低空飛行する米軍の戦闘機が、砂浜を走って逃げる人々を機銃掃射で狙い撃ちする光景だったと思います。父は顔を歪め、ひどく悔しそうにその話をしました。「戦争中は、国に傷めつけられて、傷めつけられて」という言葉も、父の口から一度だけ聞きました。

祖父母たちが、食糧にも事欠く戦中戦後の苦難に耐えた後、両親は、その貧しさの解決を図り、それが経済成長という実を結んだという意味で、その親を超えました。しかし、それは親の苦労に報いるような、ある意味、親と一体の人生だったのかもしれません。両親には、親に疑問を持ったり、親と対立したりといった余地はなく、両親の祖父母に対する思慕は、絶対の一枚岩でした。

それに対して、私は、両親と同じ目的を生きることはできません。戦後の経済成長時代は、自分の勤める会社や家庭が、敗戦のどん底から這い上がって経済的に豊かになることが、そのまま社会全体が豊かになることでしたが、今は違います。いったいこの先社会がどうなることがよいことなのか、そのためにどこを目指すのかという社会全体の目標が見えないまま、まるで、限られたパイの取り合いが、私たちが生きているということであるかのようです。生徒たちの学校での人間関係がどこか殺伐としていることの根っこは、そういった社会の状況にあるのだろうと思います。私たち大人も同じです。そこをどう超えていくのか、親をどう超えるのか、私はそこを生きるしかありません。

母の実家も、父と同じく今治の農家でしたが、祖父は小学校の教師でした。同じく教師だった祖母は、結婚後は曾祖母のもとで婚家の農業と家事をします。曾祖父は石川県に輪島塗の工場を持ち、その商いも行う、忙しい家庭でした。

5人兄弟の2番目の母は、長女です。大叔母たちも暮らす大家族で、忙しい母親に代わって幼少期から、水汲みに始まる、かまどでの炊事をし、弟妹の子守もする毎日でした。嫁いじめにあい、大病もした母親（私の祖母）のことが心配でたまらなくて、また、母親に甘えたい気持ちを抑え続けた子ども時代だったようです。勉強も存分にできず、農繁期は学校を休まざるを得ませんでした。

祖父は一時期家から少し離れた今治市街地の学校に勤めるために、家族と離れて暮らしましたが、ちょうどその家を祖母が訪ねた夜に、市街地で空襲があったそうです。幸い祖父母は無事でしたが、その方角の空が真っ赤に染まるのを見たときの恐ろしい思いを、母からよく聞きました。戦争の影響は絶大でした。母もひもじい思いもしました。

ただ、現金収入もあった母の実家で、なぜ母はそれほど不自由な生活をしなければならなかったのか――明治以来の封建的な家制度の影響が強かったのではないかと思います。その抑圧に祖母は苦しみ、長女である母にも火の粉が及びました。

だから、母は核家族を営める、父との結婚を選びました。

しかし、戦後、法律としての家制度は廃止されても、個人や対等性といった概念の弱い考え方の枠組みは、母自身の中に、また父の中に、そして、私の中にも尾を引いてきたと思います。


私が夫とつくってきた家庭も、今ふり返れば、私が育った家庭のように、決して夫が横暴な訳でもなく、しかし、オープンではない、家父長制的、抑圧的な面があったと思います。

社会の仕組みがそれなりに発展してきても、生徒たちの作文に描かれる問題からも、上意下達の意識や考え方はかんたんには克服されず、その矛盾がより深くなっているように見えます。「いじめ」という裏工作や秘密主義、親から子への教育虐待、また、「不登校生は怠けていてズルい」といった考え方、そして、一見かつてとは真逆に見える「母が絶対権力」という家庭のあり方も、たんに新しい問題のようには思えません。

どう生きることが、人生をほんとうに全うすることであり、ほんとうに人を尊重することなのでしょうか。

両親から、私の心身に深く染み込ませるような形で受け継いできたもののうち、よいものは力に、そして、その課題には真っ直ぐに取り組んでいくことが、今の私にとっての親子関係の意味です。

おわりに

さて、最後に、こうして中学生たちに向き合い、私の人生をつくり直してきた土台は、この14年間、鶏鳴学園の塾長であり、中井ゼミの指導者である中井さんから学んだことです。私の人生や経験をどうふり返り、その本質を何だととらえて、次に何をするのか、その反省と実践の考え方を学んできました。また、そうして自分の生き方をつくっていくために、人間とは何か、どう生きるのが本来なのか、ほんとうの自由とは何かといったことを、ヘーゲル哲学を軸に学んできました。

中井さんからは批判を受け続け、また、仕事で対立することもあり、何度かぎっくり腰にもなりましたが、それでこそ、多少はそれまでの自分を壊して前に進んでくることができました。

ここまでを総括し、その次をつくっていくために、本書を出版します。

しかし、中学生たちが直面している問題に対しての、現時点での私の答えとしてまとめた、第三章の小冊子**「君たちが抱える問題の本質と、その対策」**も、まだ、主に鶏鳴学園という小さな塾の中で見たことを元にしたものでしかありません。特に学校については、現場で直接取材したのではなく、生徒やその親を通して見た、学校の姿です。

学校現場で日々生徒たちの問題に取り組んでおられる教師をはじめとする、あらゆる職種の方々、また、その経験者、そして教育行政関係者等々から、拙著に忌憚のないご意見や批判をいただければ幸いです。今後は、学校現場を直接知っていきたいと思います。

なお、この後、生徒たちの実際の作文を本にしていくことを考えています。彼らの生の声が、私が考えてきたことの根拠であり、また、この社会への大きな問題提起を含んでいると思うからです。書いた本人の意志が前提であり、準備はこれからです。

また、第一章**4**節に記した、「家庭・子育て・自立」学習会の開催を、本書の出版準備のためにしばらく休んでいましたが、オンラインで再開します。

学校関係者の方や、また、今現在親として思春期の子どもへの対応に苦心しておられる方、その他の家庭や学校の問題に直面しておられる方等々、拙著に関心を持ってくださったら、ぜひご参加ください。まずは、本書についての意見交換会から始めたいと考えています。

さいごに、本書の刊行まで様々に支えてくださった皆さまに、心から感謝申し上げます。

2024年1月

［筆者紹介］

田中 由美子（たなか　ゆみこ）

1959年、大阪生まれ。津田塾大学卒業後、（株）キヤノン勤務を経て、
YMCA、日能研、その他の塾で講師を務める。
2009年から鶏鳴学園、社会人・大学生クラス（中井ゼミ）でヘーゲル哲学を学ぶ。
2011年から鶏鳴学園、中学生クラスを開設、担当。
2015年から「家庭・子育て・自立」学習会を設立、主宰。

【連絡・お問い合わせ先】

「家庭・子育て・自立」学習会
〒113-0034
東京都文京区湯島1-3-6 Uビル7Ｆ鶏鳴学園内
「家庭・子育て・自立」学習会事務局
TEL　03-3818-7405
FAX　03-3818-7958
MAIL　keimei@zg8.so-net.ne.jp
ブログ　https://kateiron.keimei-tetugaku.com/

鶏鳴学園
〒113-0034
東京都文京区湯島1-3-6　Uビル7Ｆ
TEL　03-3818-7405
FAX　03-3818-7958
MAIL　keimei@zg8.so-net.ne.jp
HP　https://www.keimei-kokugo.net/

思春期の子どもと親、それぞれの自立

50歳からの学び直し

2024年2月25日　初版第1刷発行

著　者：田中由美子

発行人：松田健二

発行所：株式会社 社会評論社
東京都文京区本郷2-3-10
電話：03-3814-3861 Fax：03-3818-2808
http://www.shahyo.com

装幀・組版：吉永昌生

印刷・製本：株式会社ミツワ